똑 소리나는 쉬운 중국어 어법

우치갑 · 신윤기 · 이윤경 공저

똑 소리나는 쉬운 중국어 어법

초판발행	2010년 8월 10일
1판 4쇄	2018년 10월 15일
저자	우치갑, 신윤기, 이윤경, 임가지
펴낸이	엄태상
책임편집	최미진, 전유진, 가석빈, 高霞, 박소영, 하다능
디자인	이건화
제작	조성근, 전태준
마케팅	이승욱, 오원택, 전한나, 왕성석
온라인마케팅	김마선, 유근혜, 김제이
경영지원	마정인, 김영희, 김예원
펴낸곳	시사중국어사
주소	서울시 종로구 자하문로 300 시사빌딩
주문 및 교재 문의	1588-1582
팩스	(02)3671-0500
홈페이지	www.sisabooks.com
이메일	sisachinabook@hanmail.net
등록일자	1988년 2월 13일
등록번호	제1-657호

ISBN 978-89-7364-588-6 13720

* 이 교재의 내용을 사전 허가없이 전재하거나 복제할 경우 법적인 제재를 받게 됨을 알려 드립니다.
* 잘못된 책은 구입하신 서점에서 교환해 드립니다.
* 정가는 표지에 표시되어 있습니다.

중국과의 교류는 더욱 빈번해지고 이에 중국어를 학습하는 인구 또한 하루가 다르게 늘고 있습니다. 일정한 중국어 학습과정을 거치고 어느 정도의 수준에 이르게 되면 어법의 필요성을 느끼게 되는데, 어법은 정확한 중국어 구사뿐만 아니라, 新HSK나 BCT와 같은 중국어 어학 자격증을 취득할 때도 기본적으로 습득해야 하는 필수 학습 요소입니다.

　　그러나, 기존의 어법 서적들은 단순히 외국 서적의 번역 수준에 머무르는 경향이 있으며, 또한 모든 어법을 총망라하겠다는 욕심으로 인해 불필요한 부분까지 수록하여 학습에 부담을 주는 경우가 많았습니다.

　　본 교재는 현직 고등학교 교사 3인이 힘을 합쳐 초급에서 중급, 더 나아가 고급 학습자들의 중국어 학습과정에서 부딪히게 되는 모든 어법 사항들을 친절하고 자세하게 풀이한 책입니다. 또한 30년에 이르는 기간 동안 중국어 강의를 하며 고민하고 느꼈던 모든 느낌을 책 속에 담아내기 위해 노력했습니다. 그러므로 이 한 권이면 완벽한 회화 완성에 도움이 됨은 물론이거니와 新HSK 대비서로 삼는다 해도 결코 부족하지 않을 것입니다.

　　이 책을 다음과 같은 분들에게 강력히 추천합니다.
- 어법을 좀 더 체계적으로 배우고자 하시는 분들
- 회화와 작문 영역에 있어 중국식 표현에 대한 이해가 부족하신 분들
- 신 HSK를 대비하고자 하시는 분들

　　중국어를 공부하는 분들이라면 반드시 책상에 꽂아두고 반복적으로 학습해야 할 것이 바로 어법책입니다. 그러므로 이 책을 통해 공부하시는 모든 분들이 학교에서 혹은 직장에서의 중국어 학습에서 큰 성과를 얻으시길 기원합니다.

저자 일동
2010년 7월

차례

- 머리말 　　3
- 차례 　　4
- 일러두기 　　6
- 중국어 어법 맛보기 　　7

1장	是 / 的 / 在 / 有 문장	11
2장	동사 술어문	19
3장	시제를 나타내는 문장	31
4장	능원동사를 이용하는 문장	41
5장	형용사 술어문	51
6장	부사를 이용하는 문장	63
7장	명사 술어문	75
8장	대사를 이용하는 문장	81
9장	수사를 이용하는 문장	89
10장	양사를 이용하는 문장	99
11장	전치사를 이용하는 문장	107
12장	의문문	117
13장	명령문과 감탄문	127
14장	조사를 이용하는 문장	131

[특수문장]

1장	결과보어를 이용하는 문장	143
2장	가능보어 / 정도보어를 이용하는 문장	149
3장	방향보어를 이용하는 문장	157
4장	수량보어를 이용하는 문장	167
5장	비교를 나타내는 문장	171
6장	연동문과 겸어문	177
7장	把자문 / 被자문	183
8장	존현문	191
9장	접속사와 복문	197
• 정답 및 해설		208

일러두기 이 책의 학습 길라잡이

▶ 중국어 어법 맛보기

중국어 어법의 가장 기본이 되는 내용으로 채웠습니다. 중국어에서 가장 기본이 되는 개념인 표준어부터 정의해 줌으로써 중국어에 대한 기본 골격을 확실히 다질 수 있습니다. 또한 문장의 어순을 이루는 데에 있어서 가장 핵심이 되는 품사에 대한 개념과 설명 및 예시를 제시해 놓음으로써 중국어 어법의 기본기를 다질 수 있게 하였습니다.

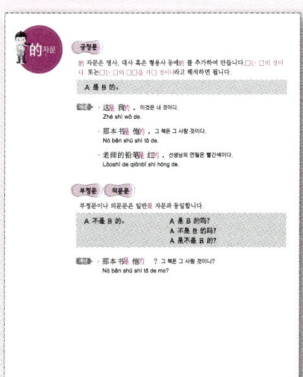

▶ 본문 내용

중국어 학습의 중요한 어법 기본기를 이루는 주제만을 선정하였습니다. 주요 어법 표현을 항목별로 나누어 각 장을 구성하였고, 특수문장까지 더하여 학습범위를 확대하였습니다. 각 장의 내용에는 해당 항목에 대한 어법 설명을 간결하게 설명해 놓아 눈으로 읽으며 바로 이해할 수 있도록 하였고, 기본 문장 구성을 함께 써 놓아 문장의 어순을 한 눈에 쉽게 파악할 수 있도록 구성하였습니다. 또한 각 내용마다 예문과 해석을 함께 실어 응용력을 높임과 동시에 일목요연한 학습 정리가 가능하도록 하였습니다.

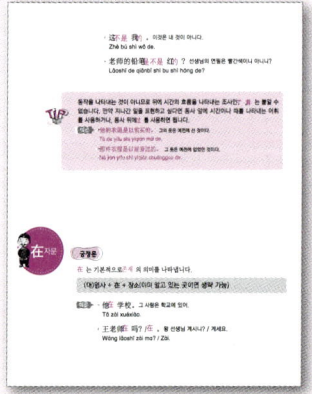

▶ Tip을 통한 내용 보충

본문 내용에서 다루지는 않았지만 반드시 알아야 할 내용을 Tip으로 따로 구성하여 보충설명을 하였습니다. 주의해야 할 문법 사항이나 알아두면 유용한 표현 등은 Tip을 통해 배워보세요.

중국어 어법 맛보기

01 중국어에서

1) 표준어는 무엇인가요?
북경어의 발음을 표준으로 정하고 북방 방언의 어휘들을 중심으로 한 말을 뜻하며, 보통화(普通话 pǔtōnghuà)라고도 부릅니다.

2) 사투리를 써도 의사소통이 되나요?
중국어에는 크게 7종류의 사투리가 있습니다. 하지만 워낙 국토가 넓기 때문에 먼 거리의 지역에서 쓰는 사투리는 일종의 외국어처럼 느껴지므로 같은 중국인이라 할지라도 서로 통용되지 않으며, 의사소통이 거의 불가능합니다. 하지만 전국적으로 표준어가 보급되어 있으므로 표준어를 구사할 줄만 안다면 의사소통은 걱정할 필요가 없습니다.

3) 공부하는데 한자가 너무 부담돼요!
우리가 알고 있는 한자와 현재 중국어에 쓰이는 한자에는 많은 차이가 있습니다.

- 우리가 알고 있는 한자
→ 번체자 : 'Traditional Chinese'로 번거롭게 획수가 많은 글자를 나타냄
- 중국에서 쓰이는 한자
→ 간체자 : 'Simple Chinese'로 간단한 형태로 된 글자를 나타냄

이처럼 현재 중국어에 쓰이는 글자는 간체자로 기존의 한자보다 획수가 훨씬 간단하며, 한자를 몰라도 중국어를 배울 수 있습니다.

몇 가지만 비교해 보겠습니다.

한문(번체자)	뜻과 발음	중국어 간체자	중국어 발음
門	문 문	门	mén
龍	용 룡	龙	lóng
書	책 서	书	shū

龍이 龙으로 바뀌는 것처럼 획수가 다이어트를 한 것이 현재 중국 대륙에서 쓰이는 간체자입니다.

門 门 문

龍 龙 용

02 품사

명사(名词) 사람이나 사물의 이름을 나타내는 것

山(shān) 산   手(shǒu) 손   今天(jīntiān) 오늘

동사(动词) 움직임을 나타내는 것

说(shuō) 말하다   打(dǎ) 때리다   听(tīng) 듣다

형용사(形容词) 사물의 성질이나 상태가 어떠함을 나타내는 것

美(měi) 아름답다   帅(shuài) 멋있다

대사(代词) 어떤 것을 대신 받는 것

他(tā) 그   我(wǒ) 나   什么(shénme) 무엇

수사(数词) 수를 나타내는 것

一(yī) 하나   百(bǎi) 백   千(qiān) 천

양사(量词) 사물의 개수와 동작의 횟수를 세는 단위

个(gè) 개   张(zhāng) 장   次(cì) 차례, 회

부사(副词) 동사나 형용사 앞에서 수식하는 것

已经(yǐjing) 이미   都(dōu) 모두   很(hěn) 매우

조사(助词) 다른 말에 붙어서 일정한 문법적 기능을 나타내는 것

了(le) 동작의 완료   得(de) 정도보어   的(de) 명사적 기능

접속사(连词) 낱말과 낱말, 문장과 문장을 연결해 주는 것

和(hé) / 跟(gēn) ~와 / ~과   但是(dànshì) 그러나   所以(suǒyǐ) 그래서

중국어 어법 맛보기 **9**

전치사(介词) 명사나 대사 앞에서 장소나 방법, 방향 등을 나타내는 것

跟(gēn) ~를 따라서   在(zài) ~에서

의성사(象声词) 모습이나 소리를 흉내낸 것

喵(miāo) 야옹   叮当(dīngdāng) 딩동

감탄사(叹词) 홀로 쓰여 감탄이나 놀람 등의 감정을 나타내는 것

啊(á) 아~

03 문장 성분

- **품사와 문장성분의 구별**

품사는 단어가 갖는 고유의 특성을 말하는 것으로 그 성질이 잘 바뀌지 않습니다. 이에 비해 문장성분은 주어, 서술어, 목적어, 관형어, 부사어 등으로 나뉘어 불리며 문장에서 어떤 역할을 하느냐에 따라 성격이 달라집니다.

- **문장 분석표**

	我	弟弟	一共	有	三	本	词典
품사	대사	명사	부사	동사	수사	양사	명사
문장성분	관형어	주어	부사어	서술어	목적어		
중국어명칭	한정어 (定语)	주어 (主语)	상어 (状语)	위어 (谓语)	빈어 (宾语)		
문장성분	주어		서술어		목적어		
병음	Wǒ dìdi yígòng yǒu sān běn cídiǎn.						
해석	내 남동생은 모두 세 권의 사전을 가지고 있다.						

1장 是 / 的 / 在 / 有 문장

01 是자문 `기본형식` A 是 B。➪ A는 B이다.

02 的자문 `기본형식` A 是 B 的。➪ A는 B의 것이다.

03 在자문 `기본형식` 명사 + 在 + 장소(이미 알고 있는 곳이면 생략 가능)

04 有자문 `기본형식` 장소나 시간사 + 有 + 명사성 어휘

是자문

긍정문

是는 동사이긴 하지만 동작이나 행동을 표시하지 않고, 판단이나 긍정을 나타내는 특성을 지니고 있습니다. 그래서 '특수동사'라고 하며, ~이다라는 의미를 나타냅니다.

> A 是 B。

예문
- 我是学生。 나는 학생이다.
  Wǒ shì xuésheng.

- 他是大夫。 그는 의사이다.
  Tā shì dàifu.

부정문

是 앞에 부정사 不를 사용하여 부정문을 만듭니다.

> A 不是 B。

예문
- 我不是学生。 나는 학생이 아니다.
  Wǒ bú shì xuésheng.

- 他不是大夫。 그는 의사가 아니다.
  Tā bú shì dàifu.

의문문

문장 끝에 의문사 吗를 사용하거나, 是(~이다)와 부정형인 不是(~이 아니다)를 함께 나열하여 만듭니다.

> A 是 B 吗?
> A 不是 B 吗?
> A 是不是 B?

예문
- 他是大夫吗? 그 사람은 의사니?
  Tā shì dàifu ma?

- 他不是大夫吗? 그 사람 의사가 아니니?
  Tā bú shì dàifu ma?

똑소리 나는 쉬운 중국어 어법

- 他**是不是**大夫? 그 사람 의사니 아니니?
  Tā shì bu shì dàifu?

 是不是 형태로 의문문을 만들 때는 문장 끝에 의문사 **吗**를 사용하지 않는다는 점에 주의하세요! 이 때 가운데 쓰이는 **不**는 경성으로 발음합니다.

긍정문

的자문은 명사, 대사 혹은 형용사 등에 **的**를 추가하여 만듭니다. A는 B의 것이다 또는 A는 B의 성질을 가진 것이다라고 해석하면 됩니다.

A 是 B 的。

- 这**是**我**的**。 이것은 내 것이다.
  Zhè shì wǒ de.

- 那本书**是**他**的**。 그 책은 그 사람 것이다.
  Nà běn shū shì tā de.

- 老师的铅笔**是**红**的**。 선생님의 연필은 빨간색이다.
  Lǎoshī de qiānbǐ shì hóng de.

부정문   의문문

부정문이나 의문문은 일반 **是**자문과 동일합니다.

A 不是 B 的。　　　A 是 B 的吗?
　　　　　　　　　A 不是 B 的吗?
　　　　　　　　　A 是不是 B 的?

- 那本书**是**他**的**吗? 그 책은 그 사람 것이니?
  Nà běn shū shì tā de ma?

1장 是 / 的 / 在 / 有 문장　13

- 这**不是**我**的**。 이것은 내 것이 아니다.
  Zhè bú shì wǒ de.

- 老师的铅笔**是不是红的**? 선생님의 연필은 빨간색이니 아니니?
  Lǎoshī de qiānbǐ shì bu shì hóng de?

동작을 나타내는 것이 아니므로 뒤에 시간의 흐름을 나타내는 조사인 了, 着는 붙일 수 없습니다. 만약 지나간 일을 표현하고 싶다면 동사 앞에 시간이나 때를 나타내는 어휘를 사용하거나, 동사 뒤에 过를 사용하면 됩니다.

예문
- 他的衣服是以前买的。 그의 옷은 예전에 산 것이다.
  Tā de yīfu shì yǐqián mǎi de.

- 那件衣服是以前穿过的。 그 옷은 예전에 입었던 것이다.
  Nà jiàn yīfu shì yǐqián chuānguo de.

긍정문

在는 기본적으로 존재의 의미를 나타냅니다.

(대)명사 + 在 + 장소(이미 알고 있는 곳이면 생략 가능)

예문
- 他**在**学校。 그 사람은 학교에 있어.
  Tā zài xuéxiào.

- 王老师**在**吗? / **在**。 왕 선생님 계시니? / 계세요.
  Wáng lǎoshī zài ma? / Zài.

부정문

在 앞에 부정사 不나 没를 사용하며 부정문을 만듭니다.

(대)명사 + 不在 + 장소
(대)명사 + 没在 + 장소

예문
- 妈妈不在家。 엄마는 집에 안 계셔.
  Māma bú zài jiā.

- 那时候他没在图书馆。 그 때 그 사람은 도서관에 없었어.
  Nà shíhou tā méi zài túshūguǎn.

보통명사나 대명사를 장소를 나타내는 말로 바꾸려면 보통명사 뒤에 방위사 또는 지시대사 这儿, 那儿 등을 써주어야 합니다.

- 他的鞋在我这儿。 그 사람 신발은 여기에 있어.
  Tā de xié zài wǒ zhèr.

- 衣服在老师那儿。 옷은 선생님이 계신 그곳에 있어.
  Yīfu zài lǎoshī nàr.

동작을 나타내는 것이 아니므로 뒤에 시간의 흐름을 나타내는 조사인 了, 着, 过는 붙일 수 없습니다. 만약 지나간 일을 표현하고 싶다면 동사 앞에 시간이나 때를 나타내는 어휘를 사용하세요.

의문문

문장 끝에 吗를 사용하거나, 在(~에 있다)와 부정형인 不在(~에 없다)를 함께 나열하여 만듭니다.

> (대)명사 + 在 + 장소 + 吗?
> (대)명사 + 不在 + 장소 + 吗?
> (대)명사 + 在不在 + 장소?

예문
- 张老师在家吗? 장 선생님 댁에 계세요?
  Zhāng lǎoshī zài jiā ma?

- 张老师不在家吗? 장 선생님 댁에 안 계세요?
  Zhāng lǎoshī bú zài jiā ma?

- 张老师在不在家? 장 선생님 댁에 계세요 안 계세요?
  Zhāng lǎoshī zài bu zài jiā?

有자문

긍정문

동사 有는 소유, 포함, 존재, 열거, 짐작 등의 의미를 나타내는 기능이 있습니다.

소유표현: 명사성 어휘 + 有 + 명사성 어휘
존재표현: 장소나 시간사 + 有 + 명사성 어휘

〈소유〉 我有很多朋友。 나는 친구가 많다.
Wǒ yǒu hěn duō péngyou.

〈포함〉 一年有十二个月。 1년은 12달이다.
Yì nián yǒu shí'èr ge yuè.

〈존재〉 我们学校有教学楼、办公楼、宿舍楼。
Wǒmen xuéxiào yǒu jiàoxuélóu, bàngōnglóu, sùshèlóu.
우리 학교에는 강의건물, 행정건물, 기숙사건물이 있다.

〈열거〉 操场上有踢球的, 有跑步的。
Cāochǎng shang yǒu tī qiú de, yǒu pǎobù de.
운동장에는 공 차는 사람, 달리기 하는 사람이 있다.

〈짐작〉 我看你弟弟大约有二十多岁。
Wǒ kàn nǐ dìdi dàyuē yǒu èrshí duō suì.
내가 보기에 네 남동생은 20살 이상인 것 같다.

有가 새로운 상황의 발생이나 출현을 표현할 때는 변화를 나타내는 了를 동반합니다.

명사성 어휘 + 有(了) + 동사/명사

예문 · 最近, 他的汉语有了明显的进步。
Zuìjìn, tā de Hànyǔ yǒule míngxiǎn de jìnbù.
최근에 그의 중국어 실력은 눈에 띄게 향상되었다.

부정문

没를 有앞에 사용하여 만듭니다. 부정사로 不를 쓰지 않는다는 점에 주의하세요.

장소나 시간사 + 没有 + 명사성 어휘

예문 · 今天我没有时间。 나는 오늘 시간이 없다.
Jīntiān wǒ méiyǒu shíjiān.

의문문

문장 끝에 吗를 사용하거나, 有(~이 있다)와 부정형인 没有(~이 없다)를 함께 나열하여 만듭니다.

> 명사/대사 + 有 + 명사성 어휘 + 吗?
> 명사/대사 + 没有 + 명사성 어휘 + 吗?
> 명사/대사 + 有没有 + 명사성 어휘?

예문

- 你有时间吗? 너 시간 있니?
  Nǐ yǒu shíjiān ma?

- 你没有时间吗? 너 시간 없니?
  Nǐ méiyǒu shíjiān ma?

- 你有没有时间? 너 시간 있니 없니?
  Nǐ yǒu méiyǒu shíjiān?

是 / 的 / 在 / 有 문장

문제 01 다음 문장에서 틀린 곳을 찾아 바르게 고치세요.

(1) 他是不大夫。

→ _____

(2) 我不有朋友。

→ _____

(3) 他是不是大夫吗?

→ _____

문제 02 A, B, C, D 중 주어진 단어가 들어갈 적당한 위치를 고르세요.

(1) 最近 ⓐ ，他的 ⓑ 汉语有 ⓒ 明显 ⓓ 的进步。(了)

문제 03 괄호 속에 들어갈 알맞은 글자를 쓰세요.

(1) 那本书是他(　　　　)。

(2) 衣服在衣柜(　　　　)。

2장 동사 술어문

동사술어문이란?

서술어의 주요 성분이 동사인 문장을 말합니다.

동사 술어문 `기본형식` 주어 + 동사 (+ 목적어)

동사술어문의 형태

> 동사술어문의 기본형식

주어 + 동사 (+ 목적어)

예문
- 我**去**学校。 나는 학교에 간다.
  Wǒ qù xuéxiào.

- 他**吃**水果。 그는 과일을 먹는다.
  Tā chī shuǐguǒ.

> 부사의 수식을 받을 수 있다.

부사 + 동사 + 목적어

예문
- 正在**打**电话。 지금 전화하고 있다.
  Zhèngzài dǎ diànhuà.

- 马上**去**。 금방 가.
  Mǎshàng qù.

- 再**写**一遍。 다시 한 번 써봐.
  Zài xiě yí biàn.

> 심리활동을 나타내는 동사나 일부 능원동사는 정도부사의 수식을 받을 수 있다.

정도부사 + 심리활동 동사/일부 능원동사 + 목적어

예문
- 爸爸特别**爱**老大。 아빠는 첫째를 특별히 사랑하신다.
  Bàba tèbié ài lǎodà.

- 今天他很**生气**。 오늘 그는 굉장히 화났다.
  Jīntiān tā hěn shēng qì.

- 姐姐非常**担心**弟弟。 누나는 남동생을 몹시 걱정한다.
  Jiějie fēicháng dānxīn dìdi.

 심리활동 동사 : 喜欢, 生气, 了解, 欢迎, 怕, 希望, 紧张 등

> 동사 뒤에 '了', '着', '过'를 붙여 동작의 상태를 표시한다.

동사 + 了(동작의 완성)/着(동작의 진행)/过(동작의 경험) + 목적어

예문
- 他昨天给妈妈**写了**一封信。 그는 어제 엄마에게 편지를 한 통 썼다.
  Tā zuótiān gěi māma xiěle yì fēng xìn.

- 他正给妈妈**写着**信。 그는 지금 엄마에게 편지를 쓰고 있다.
  Tā zhèng gěi māma xiězhe xìn.

- 他前几天给妈妈**写过**信。 그는 며칠 전에 엄마에게 편지를 썼다.
  Tā qián jǐ tiān gěi māma xiěguo xìn.

동사(动词)란?

사람이나 사물의 동작, 발전, 변화, 심리활동, 방향 및 기타 활동을 나타내는 단어를 말합니다.

동사는 어떻게 사용하나요?

(1) 형태 변화가 없다.

우리말의 '가다'라는 동사는 다양한 형태로 변화합니다. 예를 들면 '가고, 가니, 가므로, 갔고, 가는데' 등과 같습니다. 이에 비해 중국어 去는 성별, 단수, 복수, 시제 등 그 어떤 경우에도 형태가 변하지 않습니다.

☞ 去 = 가고, 가니, 가므로, 갔고, 가는데…

(2) 과거, 현재, 미래는 어떻게 구별하나요?
  ① 시간을 나타내는 말을 사용합니다.
  ② 동사 뒤에 了, 着, 过를 붙여 시제를 표현합니다.

(3) 목적어는 동사 뒤에 옵니다.

주어 + 동사 + 목적어

예문
- 她很想你。 그녀는 너를 매우 그리워한다.
  Tā hěn xiǎng nǐ.

- 他翻译了鲁迅的作品。 그는 노신의 작품을 번역했다.
  Tā fānyì le Lǔ Xùn de zuòpǐn.

- 我的姑妈生了双胞胎。 우리 고모가 쌍둥이를 출산했다.
  Wǒ de gūmā shēngle shuāngbāotāi.

☞ 목적어를 취하는 주요 동사들을 꼭 외워두세요!

打电话 dǎ diànhuà 전화를 하다	打折 dǎ zhé 할인을 하다	看书 kàn shū 책을 보다	听音乐 tīng yīnyuè 음악을 듣다	写信 xiě xìn 편지를 쓰다	说汉语 shuō Hànyǔ 중국어를 말하다
吃饭 chī fàn 밥을 먹다	喝水 hē shuǐ 물을 마시다	开汽车 kāi qìchē 운전을 하다	开玩笑 kāi wánxiào 농담을 하다	骑自行车 qí zìxíngchē 자전거를 타다	踢足球 tī zúqiú 축구를 하다
过生日 guò shēngrì 생일을 지내다	坐的士 zuò díshì 택시를 타다	做饭 zuò fàn 밥을 짓다	唱歌 chàng gē 노래를 하다	穿衣服 chuān yīfu 옷을 입다	买东西 mǎi dōngxi 물건을 사다
见面 jiàn miàn 만나다	上网 shàng wǎng 인터넷을 하다	照相 zhào xiàng 사진을 찍다			

동사의 여러 가지 유형들

(1) 자동사

뒤에 목적어를 갖지 않는 동사를 말합니다.

주어 + 동사

예문
- 他去。 그는 간다.
  Tā qù.

- 你来。 네가 와라.
  Nǐ lái.

- 他走了。 그는 갔다.
  Tā zǒu le.

(2) 타동사
뒤에 목적어를 갖는 동사를 말합니다.

주어 + 동사 + 목적어

예문
- 老师给学生们布置了作业。
  Lǎoshī gěi xuéshengmen bùzhì le zuòyè.
  선생님은 학생들에게 숙제를 내주었다.

- 妈妈打了弟弟。
  Māma dǎle dìdi.
  엄마는 남동생을 때리셨다.

- 他经常上网。
  Tā jīngcháng shàng wǎng.
  그는 자주 인터넷을 한다.

(3) 타동사 역할이 가능한 자동사
去는 가다라는 자동사로서 他去。라는 문장도 성립하지만 我去学校。처럼 타동사의 역할도 할 수 있습니다.

예문
- 他来。
  Tā lái.
  그가 오다. (자동사)

- 他来韩国。
  Tā lái Hánguó.
  그가 한국에 오다. (타동사)

문 : 去와 走 모두 가다라는 뜻인데 어떻게 구별하나요?
답 : 去 뒤에는 목적어가 올 수 있지만, 走 뒤에는 올 수 없어요. 그래서 去中国는 가능하지만 走中国는 틀린 표현이 됩니다.

(4) 두 개의 목적어를 취하는 동사

동사 + 간접목적어(사람) + 직접목적어(사물)

① 대표적인 동사는 教, 送, 给, 问, 告诉 등입니다.

예문
- 宋老师教我们俄语。
 Sòng lǎoshī jiāo wǒmen Éyǔ.
 송 선생님은 우리에게 러시아어를 가르친다.

- 请给我们两张餐巾纸。
 Qǐng gěi wǒmen liǎng zhāng cānjīnzhǐ.
 우리에게 냅킨 두 장 좀 주세요.

- 我给你一支铅笔。 나는 너에게 연필 한 자루를 준다.
 Wǒ gěi nǐ yì zhī qiānbǐ.

② 다른 동사 뒤에 전치사 给를 붙여 두 개의 목적어를 가질 수 있습니다.

예문
- 我写给他一篇文章。 나는 그에게 한 편의 글을 써주었다.
 Wǒ xiě gěi tā yì piān wénzhāng.
 (➜ 여기서 写 자체는 두 개의 목적어를 취할 수 없지만 뒤에 给가 붙어 두 개의 목적어를 취하게 됩니다.)

- 他买给我一斤苹果。 그는 나에게 한 근의 사과를 사주었다.
 Tā mǎi gěi wǒ yì jīn píngguǒ.

- 我寄给家里一封信。 나는 집으로 한 통의 편지를 부쳤다.
 Wǒ jì gěi jiāli yì fēng xìn.

(5) 이합사

하나의 동사처럼 보이지만 실제는 동사 + 목적어 형식으로 이루어진 동사를 말합니다. 대표적인 단어로는 结婚, 见面, 分手, 散步, 毕业 등이 있는데, 이런 동사가 목적어를 취할 때 목적어의 위치는 두 글자 사이에 들어가야 합니다. 또는 전치사를 이용해 목적어를 앞으로 이끌어 전치사와 이합사 사이에 목적어를 써주어야 합니다.

동사의 앞 글자 + 목적어 + 的 + 동사의 뒷 글자
전치사 + 목적어 + 이합동사

※ 见面이라는 단어를 이용하여 목적어를 취해봅시다.

'어제 나는 그와 만났다.'라는 문장을 생각해 보겠습니다.

昨天我见面他了。(×)

동사 见面은 이합사에 해당하므로 바로 뒤에 목적어 他가 와서는 안 됩니다. 다음 두 가지 방법을 이용해 표현하세요.

A. 昨天我跟他见面了。 어제 나는 그와 만났다.
 Zuótiān wǒ gēn tā jiàn miàn le.

 (➔ 이는 전치사 跟을 이용하여 목적어를 앞으로 이동하는 방식입니다.)

B. 昨天我才见到他的面。 어제 나는 그와 비로소 만났다.
 Zuótiān wǒ cái jiàndào tā de miàn.

 (➔ 이합사 중간에 목적어가 '목적어 + 的'의 형태로 들어가는 경우입니다.)

예문
- 请你帮我一个忙！ 제발 저 좀 도와주세요!
 Qǐng nǐ bāng wǒ yí ge máng!

- 随你的便。 당신 편한 대로 하세요.
 Suí nǐ de biàn.

- 我想跟李小姐结婚。 나는 이 양과 결혼하고 싶어.
 Wǒ xiǎng gēn Lǐ xiǎojie jiéhūn.

 → 我想结婚李小姐。(×)

☞ 다음은 자주 사용되는 이합사들입니다.

帮忙 bāng máng 돕다	分手 fēn shǒu 헤어지다	毕业 bì yè 졸업하다	散步 sàn bù 산보하다	睡觉 shuì jiào 잠자다	吃亏 chī kuī 손해보다
存款 cún kuǎn 예금을 맡기다	结婚 jié hūn 결혼하다	排队 pái duì 줄서다	失业 shī yè 실직하다	请客 qǐng kè 한턱내다	游泳 yóu yǒng 수영하다
聊天 liáo tiān 채팅하다	打架 dǎ jià 다투다	见面 jiàn miàn 만나다			

(6) 심리활동 관련 동사

다른 동사와는 달리 정도부사 十分, 非常, 很 등의 수식을 받을 수 있으며, 대표적인 동사로는 喜欢, 生气, 高兴, 怕, 希望 등이 있습니다.

예문
- 我**很**喜欢他。
  Wǒ hěn xǐhuan tā.
  나는 그를 매우 좋아한다.

- 妈妈**很**生气。
  Māma hěn shēng qì.
  엄마는 매우 화가 나셨다.

- 他今天**很**高兴。
  Tā jīntiān hěn gāoxìng.
  그는 오늘 매우 기쁘다.

동사의 부정

(1) 일반적으로 앞에 **不**를 붙여 부정합니다.

不 + 동사

唱 ◄――► 不唱

예문
- 他**不爬**山。 그는 등산하지 않는다.
  Tā bù pá shān.

- 韩国人一般**不吃**香菜。
  Hánguórén yìbān bù chī xiāngcài.
  한국인은 일반적으로 향채를 먹지 않는다.

- 图书馆**不在**这儿。 도서관은 여기에 없다.
  Túshūguǎn bú zài zhèr.

(2) 일반적인 과거 부정은 **没(有)**로 합니다.

没(有) + 동사

예문
- 我还**没吃**。 나 아직 안 먹었어.
  Wǒ hái méi chī.

- 我上午**没在**家。 나는 오전에 집에 없었어.
  Wǒ shàngwǔ méi zài jiā.

- 我**没用**过信用卡。 나는 신용카드를 사용한 적이 없어.
  Wǒ méi yòngguo xìnyòngkǎ.

有의 부정은 반드시 没로 해야 합니다.
我没有笔记本电脑。 난 노트북 컴퓨터가 없다.
Wǒ méiyǒu bǐjìběn diànnǎo.

没로 부정할 수 없는 단어들도 있습니다. 没认识, 没像, 没知道 등은 틀린 표현입니다.

> 동사의 중첩

(1) 중첩한 동사가 갖는 의미

가벼운 마음으로 한번 시도해본다는 느낌을 표현하며, 비교적 짧은 시간 내에 동작이 이루어지는 것을 의미합니다.
단음절 동사만 사용하면 다소 명령조의 느낌이 들기 때문에 동사를 중첩하는 경우가 많습니다. 경우에 따라 중첩 후 看을 붙여 주기도 합니다.

* 穿。 입어라. (다소 명령적 표현)
* 穿穿。 입어 보세요. = 穿穿看。 한 번 입어 보세요.

예문
- 你笑一笑。 웃어 보세요.
  Nǐ xiào yi xiào.

- 你们讨论讨论吧。 너희 토론 좀 해보아라.
  Nǐmen tǎolùn tǎolùn ba.

중첩되는 어휘의 가운데 쓰이는 一 yi는 경성으로 발음합니다.

(2) 단음절 동사의 중첩

① AA = A一A
이 형태는 동사 가운데 쓰이는 一가 생략되어 있다고 볼 수 있습니다.

* 听听。 = 听一听。 한 번 들어 보세요.
* 说说。 = 说一说。 한 번 말해 보세요.

예문
- 我看你回家躺一躺吧。 너는 집에 가서 좀 눕는 것이 좋을 것 같다.
  Wǒ kàn nǐ huí jiā tǎng yi tǎng ba.

- 你把那件衣服借我穿穿吧。 나 좀 입게 그 옷 좀 빌려줘.
  Nǐ bǎ nà jiàn yīfu jiè wǒ chuānchuan ba.

- 这双鞋我可以试(一)试吗? 이 신발 제가 좀 신어보아도 될까요?
  Zhè shuāng xié wǒ kěyǐ shì (yi) shì ma?

 중첩 동사의 두 번째 음절은 경성으로 읽습니다.

② A了A = A了一A
了가 쓰인 것은 완료된 동작을 나타냅니다.

예문
- 听我说完他想了一想，就答应了。
  Tīng wǒ shuōwán tā xiǎngle yi xiǎng, jiù dāying le.
  내 말을 다 듣고 그는 잠시 생각한 후, 승낙했다.

- 他问了问我迟到的原因。그는 내가 늦은 이유를 물어봤었다.
  Tā wènle wèn wǒ chídào de yuányīn.

(3) 2음절 동사의 중첩

① AB → ABAB
단어를 그대로 연이어 말하면 됩니다. 단음절 동사의 중첩과는 달리 중간에 '一'가 들어갈 수는 없다는 점을 주의해야 합니다.

  * 休息 → 休息休息! 너 좀 쉬어!
    休息一休息! (×)

예문
- 在家玩玩网上游戏，休息休息。집에서 컴퓨터 게임하면서 좀 쉬어라.
  Zài jiā wánwan wǎngshang yóuxì, xiūxixiūxi.

- 你考虑考虑这个问题。너는 이 문제를 좀 고려해봐.
  Nǐ kǎolùkǎolù zhège wèntí.

② AB → AAB
앞에서 배운 이합사의 경우 2음절이지만 '동사 + 목적어'의 형식이므로 동사 부분만 중첩합니다.

  * 散   步 → 散散步
    걷다 + 걸음

  * 帮   忙 → 帮帮忙
    돕다 + 바쁨

예문
- 我们去外面散散步吧。 우리 밖으로 산책하러 가자.
  Wǒmen qù wàimian sànsanbù ba.

- 请你帮帮忙，借我一块钱。 나 좀 도와줘, 1원만 빌려줘.
  Qǐng nǐ bāngbangmáng, jiè wǒ yí kuài qián.

- 我们去找他聊聊天。 우리 그에게 가서 이야기 좀 나누자.
  Wǒmen qù zhǎo tā liáoliaotiān.

(4) 중첩 불가 동사

존재·판단·심리·관계를 나타내는 동사는 중첩할 수 없으며, 대표적인 동사로는 在, 是, 爱, 怕, 喜欢, 像 등이 있습니다.

예문
- 我是是上海人。　　　（×） → 是 하나
- 一般老鼠怕怕猫。　　（×） → 怕 하나
- 同学们在在游泳池。　（×） → 在 하나

(5) 중첩 후 주의해야 할 사항

① 중첩된 동사 뒤에는 보어나 了, 着, 过 등을 쓸 수 없습니다.

你去找找他一下。　　　（×） → 보어인 一下가 빠져야 한다.
你等一等他一会儿吧。　（×） → 보어인 一会儿이 빠져야 한다.
我们准备准备了讨论会。（×） → 시태조사인 了가 빠져야 한다.

② 중첩된 동사는 관형어로 쓰일 수 없으며, 的를 쓸 수도 없습니다.

你穿穿的衣服不是我的。 （×）

(➔ 뒷부분의 穿 하나는 없애야 합니다.)

③ 중첩된 동사의 목적어는 지정된 것이어야 하며, 불명확하게 제시되어서는 안됩니다.

你尝尝一杯这种汽水吧。（×）

(➔ 一杯는 막연히 한 컵을 말하므로 의미가 명확한 这杯, 那杯 등으로 바꾸어 써야 합니다.)

동사와 겨루기

문제 01   다음 문장에서 틀린 곳을 찾아 바르게 고치세요.

(1) 我想结婚李小姐。

→

(2) 对不起，添你麻烦了。

→

(3) 他每天八点工作开始。

→

(4) 你要帮忙李小姐。

→

(5) 我们一起跳舞跳舞吧。

→

문제 02   A, B, C, D 중 주어진 단어가 들어갈 적당한 위치를 고르세요.

(1) 我的女朋友给 Ⓐ 我买 Ⓑ 一件 Ⓒ 衣服 Ⓓ 。（了）

(2) 护士给 Ⓐ 他 Ⓑ 打 Ⓒ 针 Ⓓ 。（了）

문제 03   괄호 속에 들어갈 알맞은 글자를 쓰세요.

(1) 申老师(　　　　　)我们汉语。

(2) 他每天都(　　　　　)自行车去上班。

3장 시제를 나타내는 문장

과거, 현재, 미래나 동작의 발생, 진행, 지속, 완성 또는 경험 등을 표현하기 위해 동태조사, 부사, 능원동사 그리고 어기조사 등의 도움을 받아야 하는 문장을 말합니다.

01 동작의 진행 `기본형식` 正 / 正在 / 在 + 동사 + 呢

02 동작의 상태나 지속 `기본형식` 동사 + 着

03 동작의 완성 `기본형식` 동사 + 了 [+ 목적어 + 수량사/기타성분]

과거, 현재, 미래의 표현

중국어는 동사의 시제 변화를 나타낼 때 글자 자체가 변하는 것이 아니라 시간을 나타내는 말을 사용하여 나타냅니다. 그러므로 중국어에서 시제는 문맥을 통해 판단해야 합니다.

현재

동사만 홀로 쓰이면 일반적으로 현재의 모습을 나타냅니다.

예문
- 我去。 나는 간다.
  Wǒ qù.

- 他来。 그는 온다.
  Tā lái.

- 我看电视。 나는 텔레비전을 본다.
  Wǒ kàn diànshì.

과거

과거를 나타내는 단어나 완료, 경험을 나타내는 단어를 붙여 표시합니다.

예문
- 我昨天去了。 나는 어제 갔다.
  Wǒ zuótiān qù le.

- 他前天来了。 그는 그저께 왔다.
  Tā qiántiān lái le.

- 我昨天看电视了。 나는 어제 텔레비전을 보았다.
  Wǒ zuótiān kàn diànshì le.

미래

미래를 표시하는 단어를 붙여 미래를 표시합니다.

예문
- 他后天来。 그는 모레 올 것이다.
  Tā hòutiān lái.

- 我明天去。 나는 내일 갈 것이다.
  Wǒ míngtiān qù.

- 我明天看电视。 나는 내일 텔레비전을 볼 것이다.
  Wǒ míngtiān kàn diànshì.

똑소리 나는 쉬운 중국어 어법

大前天 - 前天 - 昨天 - 今天 - 明天 - 后天 - 大后天
그그제 - 그제 - 어제 - 오늘 - 내일 - 모레 - 글피

동사의 태

하나의 동사가 발생, 진행, 지속, 완성 또는 과거의 경험 등 다양한 단계를 표현할 수 있는데 이런 단계를 동태조사, 부사, 능원동사 그리고 어기조사 등을 이용해 표현합니다. 이것이 바로 동사의 태(態)입니다.

동작의 진행

正 / 正在 / 在 + 동사 + 呢

(1) 동사 앞에 正, 正在, 在를 쓰거나 문장의 끝에 어기조사 呢를 사용합니다. 正, 正在, 在와 呢를 함께 사용하기도 합니다.

예문
- 李老师正在给同学们上课(呢)。
  Lǐ lǎoshī zhèngzài gěi tóngxuémen shàng kè (ne).
  이 선생님은 학생들에게 수업을 하고 계신다.

- 他们正打篮球(呢)。
  Tāmen zhèng dǎ lánqiú (ne).
  그들은 농구를 하고 있다.

- 弟弟在做练习(呢)。
  Dìdi zài zuò liànxí (ne).
  남동생은 연습을 하는 중이다.

- 他吃饭呢。
  Tā chī fàn ne.
  그는 밥을 먹고 있다.

正은 '바로 ~하고 있다'라는 점에, 在는 '그 상태에 있다'라는 점에 주안점이 있고 正在는 그 양쪽을 모두 포함하고 있다.

在는 동작의 진행 표현 이외에도 존재의 표시나 장소를 표현하기도 합니다.

예문
- 妈妈在吗? 어머니 계시니? (존재)
  Māma zài ma?

- 弟弟在食堂吃饭。 남동생은 식당에서 밥 먹어. (장소)
  Dìdi zài shítáng chī fàn.

(2) 부정은 没(有)로 한다.

예문
- 你在看小说吗? 너 소설 보고 있니?
  Nǐ zài kàn xiǎoshuō ma?

  没(有)看小说，看漫画呢。
  Méi(yǒu) kàn xiǎoshuō, kàn mànhuà ne.
  소설 보는 게 아니라, 만화 보고 있어.

동작이 곧 발생함

```
要 + 동작 + 了
快要 + 동작 + 了
就要 + 동작 + 了
```

예문
- 要下雨了。 곧 비가 올 거야.
  Yào xià yǔ le.

- 天气快要冷了。 날씨가 조만간 추워지겠네.
  Tiānqì kuàiyào lěng le.

- 冬天就要到了。 곧 겨울이야.
  Dōngtiān jiùyào dào le.

 就要……了 앞에는 시간명사로 이루어진 부사어를 쓸 수 있지만, 快要……了 앞에는 쓸 수 없습니다.

동작의 상태나 지속

동사 + 着

(1) 동사 뒤에 着를 사용해 동작의 상태나 지속을 나타냅니다.

《지속》

예문
- 收音机开着呢。 라디오가 켜져 있다.
  Shōuyīnjī kāizhe ne.

- 他手里拿着一瓶可乐。 그는 손에 콜라 한 병을 들고 있다.
  Tā shǒuli názhe yì píng kělè.

- 她家的墙上挂着一张照片。
  Tā jiā de qiángshang guàzhe yì zhāng zhàopiàn.
  그녀의 집 벽에는 사진 한 장이 걸려 있다.

(2) 진행 중인 동작은 지속을 표현하기도 하므로 동태조사 着는 동작의 진행을 표현하는 正(在)와 함께 쓰입니다. 그러나 了는 함께 쓰일 수 없습니다.

《진행》

예문
- 妈妈(正在)做着菜。 엄마는 요리하고 계신다.
  Māmā (zhèngzài) zuòzhe cài.

- 小王(正在)打着电话。 왕 군이 전화하고 있다.
  Xiǎo Wáng (zhèngzài) dǎzhe diànhuà.

- 外边正下着雨呢。 밖에 비가 내리고 있다.
  Wàibiān zhèng xiàzhe yǔ ne.

※ 着를 쓸 수 없는 동사

판단이나 존재를 나타내는 동사: 是, 在……
계속할 수 없는 동사: 完, 结果, 结束, 进, 出, 去……
본래 지속을 나타내는 동사: 知道, 认识, 同意, 像, 怕……
결과보어를 동반한 경우: 买到, 抓住, 做好……
조동사를 동반한 경우: 想买, 会写, 能说……

> **동작의 완성**

> 동사 + 了 [+ 목적어 + 수량사/기타성분]

예문
- 他喝了一杯酒。 그는 술 한 잔을 마셨다.
  Tā hēle yì bēi jiǔ.

- 他写了一封信。 그는 편지 한 통을 썼다.
  Tā xiěle yì fēng xìn.

- 爸爸钓了三条鱼。 아빠는 세 마리의 물고기를 낚으셨다.
  Bàba diàole sān tiáo yú.

여기서 주의할 것은 동사 뒤에 了가 붙는다고 해서 반드시 과거의 일만을 의미하지는 않으며 과거, 현재, 미래와 상관없이 동작의 완성 또는 실현 여부를 표시한다는 것입니다. 아래의 두 문장은 了가 쓰였지만 모두 가까운 미래를 표현하는 문장입니다.

예문
- 明天我们吃了早饭就出发。
  Míngtiān wǒmen chīle zǎofàn jiù chūfā.
  내일 우리는 아침밥을 먹고 출발할 것이다.

- 后天他做了功课才能和你玩。
  Hòutiān tā zuòle gōngkè cái néng hé nǐ wán.
  모레 그가 과제를 마쳐야만 너와 놀 수 있다.

 문장 끝의 了는 문장의 완결이나 변화 등의 어감을 나타내는 기능을 합니다.

(1) 동사 뒤에 동태조사 了를 사용해 동작의 실현이나 완성을 표현할 수 있습니다. 만약에 동사가 목적어를 취할 때는 목적어 앞에 수량사나 기타 성분을 써야 합니다.

예문
- 上星期日，我朋友从德国来了。
  Shàng xīngqīrì, wǒ péngyou cóng Déguó lái le.
  지난주 일요일, 내 친구가 독일에서 왔어.

- 昨天我看了一部电影。
  Zuótiān wǒ kànle yí bù diànyǐng.
  어제 나는 영화 한 편을 봤어.

(2) 목적어에 수량사가 쓰일 경우, 동태조사 了만 쓰면 동작이 이미 끝났음을 표시하고 동태조사 了와 어기조사 了가 함께 쓰이면 동작이 여전히 진행되고 있거나 계속 진행될 수 있음을 나타냅니다.

예문
- 昨天，我翻译了十个句子。 어제 나는 열 개의 문장을 번역했어.
  Zuótiān, wǒ fānyì le shí ge jùzi.

- 我翻译了十个句子了，现在要翻译剩下的。
  Wǒ fānyì le shí ge jùzi le, xiànzài yào fānyì shèngxià de.
  나는 열 개의 문장을 번역했고, 나머지는 지금 할 거야.

(3) 만약 간단한 목적어를 가진 문장에서 동태조사 了만 사용하고, 어기조사 了를 사용하지 않으면 문장이 미완성된 느낌을 줍니다. 이때는 목적어 뒤에 기타성분을 더하거나 동사 앞에 비교적 복잡한 부사어를 사용하면 완전한 문장으로 만들 수 있습니다.

예문
- 我已经给他打了电话。 나는 이미 그에게 전화를 했어.
  Wǒ yǐjing gěi tā dǎle diànhuà.

- 爸爸已经给我买了电脑。 아빠는 이미 나에게 컴퓨터를 사주셨어.
  Bàba yǐjing gěi wǒ mǎile diànnǎo.

常常, 每天, 经常 등 습관적이고 일상적인 것에는 了를 함께 쓰지 않습니다.
'동사 + 了 + 목적어'로 끝나면 문장이 더 이어져야 할 것 같은 느낌을 주게 되고, 앞에 부사어(已经, 昨天 등)가 없다면 문장 끝에 어기조사 了를 써줘야 합니다.
완료나 실현의 의미를 강조하기 위한 것이 아니라면 동태조사 了는 생략하고 어기조사 了만 쓰는 것이 좋습니다.

◎ 문장을 끝내는 3가지 방법 Ⅰ) 동사 (了) 수식 없는 목적어 了
　　　　　　　　　　　　　Ⅱ) 동사 了 수량사 등 포함한 목적어
　　　　　　　　　　　　　Ⅲ) 동사 了 수식 없는 목적어, ……

了는 완결을 나타내거나 동사 뒤에서 得, 不와 함께 사용되어 가능이나 불가능을 나타냅니다. 이때 了는 liǎo로 읽어야 합니다.

예문
- 没完没了。 끝이 없다.
  Méi wán méi liǎo.

- 做得了。 할 수 있다.
  Zuò de liǎo.

- 来得了。 올 수 있다.
  Lái de liǎo.

(4) 부정은 동사 앞에 没(有)를 사용합니다. 단 아직 동작이 이루어지지 않은 상태이므로 문장 끝에는 了를 사용할 수 없습니다.

예문
- 你们没学汉语怎么能看中文书?
  Nǐmen méi xué Hànyǔ zěnme néng kàn Zhōngwén shū?
  너희들은 중국어를 안 배우고 어떻게 중국어 책을 볼 수 있겠니?

과거의 경험

(1) 과거에 어떤 동작이 발생한 적이 있음을 나타낼 때, 동사 뒤에 동태조사 过를 사용합니다.

> 동사 + 过

예문
- 我去过北京。 나는 베이징에 가본 적이 있어.
  Wǒ qùguo Běijīng.

- 妈妈学过汉语。 엄마는 중국어를 배운 적이 있으셔.
  Māma xuéguo Hànyǔ.

- 我翻译过这篇文章。 나는 이 문장을 번역해 본 적이 있다.
  Wǒ fānyì guo zhè piān wénzhāng.

(2) 부정문

> 没(有) + 동사 + 过

예문
- 到中国以后，我们还没(有)去过上海。
  Dào Zhōngguó yǐhòu, wǒmen hái méi(yǒu) qùguo Shànghǎi.
  중국에 온 후로 우리는 상하이에 가본 적이 없어.

- 他们没参观过那个工厂。 그들은 그 공장을 참관한 적이 없어.
  Tāmen méi cānguān guo nà ge gōngchǎng.

과거 동작의 강조

과거 동작의 시간, 장소, 방식 등을 강조할 때 是……的 구문을 사용합니다.

是와 的사이에 강조하고자 하는 말을 넣으며, 이 때 是는 생략이 가능합니다.

是 + 강조할 내용 + 的

- 他昨天(是)坐飞机来的。 그는 어제 비행기를 타고 왔다.
  Tā zuótiān (shì) zuò fēijī lái de.

- 我昨天是十一点睡的觉。 나는 어제 11시에 잤다.
  Wǒ zuótiān shì shíyī diǎn shuì de jiào.

睡觉는 이합사(동사 + 목적어)이므로 동사인 睡 뒤에 的를 넣으면 더욱더 구어체적인 표현이 됩니다.

※과거를 표시하는 的와 了의 차이점

你怎么去天安门的?	你怎么去天安门了?
Nǐ zěnme qù Tiān'ānmén de?	Nǐ zěnme qù Tiān'ānmén le?
너는 어떤 방법으로 천안문에 갔니?	너는 왜 천안문에 갔어?
(천안문에 어떤 교통수단으로 갔는지를 묻는 것입니다.)	(천안문에 왜 갔는지 원인을 묻는 것입니다.)

일반적으로 是……的 사이에는 '동사 + 목적어'가 오는데 목적어가 일반명사일 경우에 的는 목적어 앞에 씁니다.

- 他是在卫生间里找到的钥匙。 그는 화장실에서 열쇠를 찾았다.
  Tā shì zài wèishēngjiān li zhǎodào de yàoshi.

이외에도 是……的 구문을 이용해 말하는 사람의 주관 등을 나타내기도 합니다.

- 她(是)不会来的。 그녀는 아마 오지 않을 거야.
  Tā (shì) bú huì lái de.

시제와 겨루기

문제 01 다음 문장에서 틀린 곳을 찾아 바르게 고치세요.

(1) 我是跟他一起来了。

→ _____

(2) 她给我买一条领带了。

→ _____

(3) 她给朋友正在写着信呢。

→ _____

(4) 小时候，我常常去滑雪了。

→ _____

(5) 她不带着表。

→ _____

문제 02 A, B, C, D 중 주어진 단어가 들어갈 적당한 위치를 고르세요.

(1) 姐姐 Ⓐ 买 Ⓑ 一双 Ⓒ 新鞋 Ⓓ 。(了)

(2) 她 Ⓐ 从 Ⓑ 来 Ⓒ 去 Ⓓ 过中国。(没)

문제 03 괄호 속에 들어갈 알맞은 글자를 쓰세요.

(1) 他们正打篮球(　　)。

(2) 老师快要来(　　)。

(3) 做得了。= zuò de (　　).

4장 능원동사를 이용하는 문장

능원동사란?

능원동사는 능력이나 가능 또는 원하는 바, 소망을 표현하는 동사를 말합니다.

능원동사　기본형식　주어 + 능원동사 + 동사

우리말의 조동사(助动词)를 능원동사라고 하는데, 뜻 그대로 能(능)-능력이나 가능, 또는 愿(원)-원하는 바, 소망을 표현하는 말입니다. 동사를 보조하는 기능을 하며 허가, 추정, 당위(마땅히 있어야 하는 것) 등을 나타냅니다.

능원동사의 기본 형식 : 주어 + 능원동사 + 동사

능원동사의 분류 : 바람 / 당위 / 조건에 대한 판단 / 허가 / 평가 / 가능

要 yào

(1) 어떤 일을 하고자 하는 의지나 바람을 표현합니다.

　　이 때 부정형은 不要가 아니라 不想, 不打算을 사용해야 합니다.

예문 ・客人要走。
　　　Kèrén yào zǒu.
　　　손님이 가시려고 해.

　　　・客人不想走。
　　　Kèrén bù xiǎng zǒu.
　　　손님이 가고 싶어하지 않으셔.

 不要는 금지의 표현으로 ~하면 안 된다라고 해석하면 됩니다.

(2) 사실상 필요한 것(아직 발생하지 않은 경우에 많이 쓰임)과 필연적인 것을 나타내며, 부정은 不用을 사용합니다.

예문
- 念生词要注意声调。 단어를 읽을 때는 성조에 주의해야 해.
  Niàn shēngcí yào zhùyì shēngdiào.

- 你要注意发音。 너는 발음에 신경 써야겠다.
  Nǐ yào zhùyì fāyīn.

- 你不用注意发音。 너는 발음에 신경 안 써도 되겠어.
  Nǐ bú yòng zhùyì fāyīn.

能 néng

(1) 어떤 능력을 가지고 있거나, 객관적인 가능성이 있음을 나타냅니다.

예문
- 你能吃得了这么多吗? 넌 이렇게 많이 먹을 수 있니?
  Nǐ néng chī de liǎo zhème duō ma?

- 她一分钟能打五百个字。 그녀는 1분 동안 500자를 칠 수 있어.
  Tā yì fēnzhōng néng dǎ wǔ bǎi ge zì.

(2) 부정문과 의문문에서는 이치상의 허가, 조건의 허용, 허락의 의미를 나타냅니다.

예문
- 星期天不能借书。 일요일에는 책을 빌릴 수가 없다.
  Xīngqītiān bù néng jiè shū.

- 天这么黑，他能来吗? 날이 이렇게 어두운데 그가 올 수 있을까?
  Tiān zhème hēi, tā néng lái ma?

想 xiǎng

(1) ~를 바라다, ~하려고 하다 등의 심리적 욕구를 표현합니다.

예문
- 我想看足球赛。 나 축구경기 보고 싶어.
  Wǒ xiǎng kàn zúqiúsài.

- 毕业以后，你想做什么? 졸업하면 뭐 하고 싶니?
  Bìyè yǐhòu, nǐ xiǎng zuò shénme?

- 我想和你一起去。 나는 너와 함께 가고 싶어.
  Wǒ xiǎng hé nǐ yìqǐ qù.

※想은 주로 소망(~하고 싶다)을, 要는 주로 의지(~하려고 한다)를 나타냅니다.

可以 kěyǐ

(1) 상황이 되어서 어떤 일을 하는 것을 허용함을 표현하며, 부정은 不能을 사용합니다.

예문
- 我们可以帮助你。 우리는 널 도울 수 있어.
  Wǒmen kěyǐ bāngzhù nǐ.

- 我们不能帮助你。 우리는 널 도울 수 없어.
  Wǒmen bù néng bāngzhù nǐ.

(2) 허가를 나타냅니다.
이때의 부정은 평서문에서는 不可以나 不能이고, 단독으로 대답할 때는 不可以, 不行, 不成을 씁니다.

예문
- 教室里不能抽烟。 교실에서 담배를 피워서는 안 돼.
  Jiàoshì li bù néng chōuyān.

- 这儿可以打球吗? 여기서 공놀이 해도 돼요?
  Zhèr kěyǐ dǎ qiú ma?

  不可以。/ 不行。/ 不成。 안 돼요.
  Bù kěyǐ.   Bù xíng.   Bù chéng.

会 huì

(1) 학습과 훈련을 통해 할 줄 아는 능력을 나타냅니다.

예문
- 姐姐会游泳。 언니는 수영할 줄 압니다.
  Jiějie huì yóuyǒng.

- 我不会说汉语。 나는 중국어를 할 줄 몰라요.
  Wǒ bú huì shuō Hànyǔ.

(2) 객관적으로 가능한 추측이나 필연을 나타냅니다.

예문
- 我们的理想一定会实现。 우리의 꿈은 반드시 실현될 거야.
  Wǒmen de lǐxiǎng yídìng huì shíxiàn.

- 他绝对不会这么做! 그는 절대로 이렇게 하지 않을 거야!
  Tā juéduì bú huì zhème zuò!

똑소리 나는 쉬운 중국어 어법

(3) 어떤 일에 익숙하다, ~를 잘한다, ~에 뛰어나다 등의 의미를 나타냅니다.

예문
- 他很会做菜。 그는 요리를 아주 잘한다.
  Tā hěn huì zuò cài.

打算 dǎsuan

(1) ~할 작정이다라는 의미로 계획이나 예정을 나타냅니다.

예문
- 我打算回家乡搞农业。
  Wǒ dǎsuan huí jiāxiāng gǎo nóngyè.
  나는 고향으로 돌아가서 농사를 지을 생각이야.

- 我不打算跟别人商量这件事。
  Wǒ bù dǎsuan gēn biérén shāngliang zhè jiàn shì.
  난 이 일을 다른 사람들과 상의하고 싶지 않아.

应该 yīnggāi와 该 gāi

(1) (당연히) ~해야 한다라는 의미로 도리상의 필요를 나타내며 특히 该는 회화체에서 많이 쓰입니다.

예문
- 今天的事应该今天做完。 오늘 일은 오늘 끝내야 해.
  Jīntiān de shì yīnggāi jīntiān zuò wán.

- 时间不早了，我该走了。 시간이 늦었네, 난 가봐야겠어.
  Shíjiān bù zǎo le, wǒ gāi zǒu le.

(2) 경험을 근거로 한 추측을 나타낼 때도 사용합니다.

예문
- 他该不是忘记了吧？ 그는 당연히 잊지 않았겠지?
  Tā gāi bú shì wàngjì le ba?

- 他是个聪明人，应该明白我的意思。
  Tā shì ge cōngming rén, yīnggāi míngbai wǒ de yìsi.
  그는 똑똑한 사람이니까 내 뜻을 잘 알 거야.

 该가 동사로 쓰이면 차례가 되다의 의미를 지닙니다. 니 차례야라고 말하고 싶을 때는 该你了 Gāi nǐ le라고 말하면 됩니다.

得 děi

(1) 이치상 혹은 의지에 의한 필요를 나타냅니다. 应该보다 부드러운 느낌을 주며 회화체에서 많이 쓰입니다. 부정문은 不用이나 无须로 표현하며 不得라고 하지 않습니다.

예문
- 我们得准备点儿礼物。 우리가 선물을 좀 준비해야 할 거야.
  Wǒmen děi zhǔnbèi diǎnr lǐwù.

- 明天得买帽子。 내일 모자를 사야 해.
  Míngtiān děi mǎi màozi.

- 你得想办法。 너는 방법을 생각해야 해.
  Nǐ děi xiǎng bànfǎ.

得 děi	시간이 ~만큼 걸리다.	那得多长时间? 시간이 얼마나 걸리니? Nà děi duō cháng shíjiān?
得 dé	얻다. 득점하다.	他得了一百分。 그는 100점을 맞았다. Tā déle yìbǎi fēn.
得 de	서술어 뒤에 쓰여 정도를 표시	她长得很漂亮。 그녀는 예쁘게 생겼다. Tā zhǎngde hěn piàoliang.

喜欢 xǐhuan과 爱 ài

(1) 어떤 행동을 하기를 좋아한다는 심리를 나타냅니다. 爱의 어감이 喜欢보다 좀 더 강합니다.

예문
- 他喜欢说话。
  Tā xǐhuan shuō huà.
  그는 이야기하는 것을 좋아해.

- 我爱吃冷面。
  Wǒ ài chī lěngmiàn.
  나는 냉면을 굉장히 좋아해.

≪능원동사의 종류≫

바람, 소원	~하고 싶다	要 想 愿意 肯 敢
당위	~해야 한다	应该 应当 应该 得
주관적인 조건에 대한 판단	~해도 좋다	能 能够 可以
허가	~해도 된다	能 可以 可 准 得
평가	적합하다.	配 值得
가능	~할 수 있다	可能 会 要 得 能

능원동사 + 동사/형용사/주술구문

(1) 동사나 형용사, 주술구문 앞에 쓰입니다.

예문
- 他**想**去中国。 그는 중국에 가고 싶어해. (동사 앞)
  Tā xiǎng qù Zhōngguó.

- 姐姐明年**可能**去美国。 누나는 내년에 아마 미국에 갈 거야. (동사 앞)
  Jiějie míngnián kěnéng qù Měiguó.

- 妈妈**得**勇敢。 엄마는 용감해야 해. (형용사 앞)
  Māma děi yǒnggǎn.

- 今天**应该**你付钱。 오늘은 네가 돈을 내야 해. (주술구문 앞)
  Jīntiān yīnggāi nǐ fù qián.

(2) 단독으로 쓰여 서술어가 될 수 있습니다.

예문
- 你**想**回家吗? 너 집에 가고 싶어?
  Nǐ xiǎng huí jiā ma?
  想。 응.
  Xiǎng.

- 谁**会**开车? 누가 운전할 줄 아니?
  Shéi huì kāi chē?

  我**会**。 내가 할 줄 알아.
  Wǒ huì.

☞ 몇 년전 MBC TV에서 했던 '커이커이'라는 프로그램 기억하시나요? 커이(可以 kěyǐ)는 어떤 일을 해도 된다는 의미의 조동사입니다. 즉 중국어에서 능원동사는 홀로 사용될 수도 있답니다.

(3) 의미가 통하면 연결해서 쓸 수 있습니다.

예문
- 明天我**可能要**去北京。 내일 나 아마 베이징에 가야 할 것 같아.
  Míngtiān wǒ kěnéng yào qù Běijīng.

- 这个时候, 他**可能该**回家了。 지금쯤이면 그는 아마도 집에 도착했겠다.
  Zhège shíhou, tā kěnéng gāi huí jiā le.

(4) 위치에 따라 문장의 의미가 달라집니다.

> 능원동사의 사용 : 위치에 따라 다른 느낌을 표현한다.

예문
- 你**应该**在北大学一门外语。
  Nǐ yīnggāi zài Běidà xué yì mén wàiyǔ.
  (다른 곳이 아닌 베이징대학교에서 외국어를 배워야 한다는 의미를 표현합니다.)

- 你在北大**应该**学一门外语。
  Nǐ zài Běidà yīnggāi xué yì mén wàiyǔ.
  (베이징대학교에 있는 동안 반드시 한 가지의 외국어를 배워야 한다는 의미를 표현합니다.)

능원동사는 어떻게 부정 하나요?

(1) **不**로 부정합니다. 상황에 따라 다른 능원동사를 사용해 부정하기도 하므로 주의하세요.

> 不 + 능원동사 또는 다른 능원동사

예문
- 我**不想**去。 나는 가고 싶지 않아.
  Wǒ bù xiǎng qù.

- 他**不愿意**这么做。 그는 이렇게 하는 것을 원하지 않아.
  Tā bú yuànyi zhème zuò.

- 我弟弟**不会**做饭。 내 남동생은 밥을 할 줄 모른다.
  Wǒ dìdi bú huì zuò fàn.

(2) 긍정형식과 부정형식을 나란히 쓰면 의문문이 된다.

능원동사를 중복하는 의문문	능원동사 이용한 평서문 + 吗? 능원동사 + 不 + 능원동사

- 你**想**买手机**吗**? 너 휴대전화 사고 싶니?
  Nǐ xiǎng mǎi shǒujī ma?

- 他今天**能不能**上班? 그 사람 오늘 출근할 수 있니?
  Tā jīntiān néng bu néng shàng bān?

- 他**会不会**担心? 그 사람 걱정할까 안 할까?
  Tā huì bu huì dānxīn?

- 你**能不能**来参加比赛? 너 시합에 참가할 수 있어 없어?
  Nǐ néng bu néng lái cānjiā bǐsài?

능원동사가 쓰이는 문장에서 긍정부정형식의 의문문을 만들려면 능원동사를 중복해야지 문장의 동사나 형용사를 중복해서는 안 됩니다.
그러나 예외적인 경우에는 동사가 반복되기도 합니다.
일부 문장의 경우 능원동사가 있는데도 동사를 중복하는 경우가 있습니다.

예 你爱去不去。 네가 가든지 말든지.
　　Nǐ ài qù bú qù.

이런 경우에는 갈지 안 갈지를 물어본다기 보다는 상대방의 태도가 맘에 들지 않아 '가기 싫으면 관두어라' 정도의 어감을 지닙니다.

능원동사와 겨루기

문제 01 다음 문장에서 틀린 곳을 찾아 바르게 고치세요.

(1) 他不要明天去, 要今天去。

→

(2) 我想非常吃北京烤鸭。

→

(3) 你想买不买手机?

→

문제 02 A, B, C, D 중 주어진 단어가 들어갈 적당한 위치를 고르세요.

(1) ⓐ 你 ⓑ 嫁给我吗? 我 ⓒ 保证会让你 ⓓ 一辈子都幸福。(愿意)

(2) 在国外 ⓐ 生活真的是 ⓑ 太困难了, 他们都 ⓒ 早点回国 ⓓ 。(想)

(3) ⓐ 我弟弟 ⓑ 会 ⓒ 做 ⓓ 饭。(不)

문제 03 괄호 속에 들어갈 알맞은 글자를 쓰세요.

(1) 她一分钟( )打五百个字。

5장 형용사 술어문

형용사 술어문이란?

서술어의 주요성분이 형용사인 문장을 말합니다.

형용사 술어문　**기본형식**　주어 + 서술어(형용사)

형용사 술어문은 어떻게 쓰이나요?

(1) 형용사가 직접 서술어로 쓰이며, 이런 경우에는 是를 쓰지 않습니다.

예문
- 中国地域辽阔，物产丰富。
  Zhōngguó dìyù liáokuò, wùchǎn fēngfù.
  중국은 지역이 넓고, 물자가 풍부하다.

  中国地域是辽阔，物产是丰富。(×)

- 这件衣服样子很新。
  Zhè jiàn yīfu yàngzi hěn xīn.
  이 옷의 디자인은 참 새롭다.

  这件衣服样子是很新。(×)

(2) 대부분의 형용사는 정도 부사의 수식을 받을 수 있습니다.

정도부사 + 형용사

예문
- 很贵。정말 비싸.
  Hěn guì.

- 非常清楚。매우 확실해.
  Fēicháng qīngchu.

- 挺可爱。너무 귀엽다.
  Tǐng kě'ài.

(3) 형용사 술어문의 부정은 어떻게 하나요?

不 + 형용사

부정하는 내용이 성질이나 상태이면 일반적으로 不를 사용합니다.

예문
- 这双鞋不贵。 이 신발은 안 비싸.
  Zhè shuāng xié bú guì.

- 他最近不忙。 그 사람 요즘 안 바빠.
  Tā zuìjìn bù máng.

- 爸爸说，他不太累。 아버지께서 많이 피곤하지는 않다고 하셨어.
  Bàba shuō, tā bú tài lèi.

(还)没 + 형용사 (+ 呢)

어떤 성질이나 상태의 발생과 변화를 부정할 때는 没를 쓰며, 일반적으로 형용사 앞에 부사 还를 사용하거나 문장 끝에 어기조사 呢를 씁니다.

예문 ▸ • 我还没饱，想再吃点儿。
　　　　Wǒ hái méi bǎo, xiǎng zài chī diǎnr.
　　　　난 아직 배가 안 불러, 좀 더 먹고 싶어.

　　　• 天气还没暖和。
　　　　Tiānqì hái méi nuǎnhuo.
　　　　날씨가 아직 따뜻하지 않다.

(4) 의문문 만들기

형용사 + 吗? or 형용사의 긍정 + 형용사의 부정

예문 ▸ • 来超市的人多吗?
　　　　Lái chāoshì de rén duō ma?
　　　　슈퍼마켓에 오는 사람 많아?

　　　• 跟我一起去，好不好?
　　　　Gēn wǒ yìqǐ qù, hǎo bu hǎo?
　　　　나랑 같이 가는 게 어때?

 긍정부정의문문에서는 의문사 吗를 쓰지 않습니다.
긍정형식과 부정형식 사이에 오는 不는 경성으로 읽어 주세요. 짧고 가볍게!!

형용사에 대해 알아 봅시다.

형용사(形容词)란?

사람이나 사물의 생김새나 상태, 성질을 표현하거나 혹은 동작이나 행위의 성질이나 상태를 표현하는 말입니다.

형용사는 어떻게 사용할까요?

(1) 문장에서 서술어로 쓰입니다.

예문
- 我很忙。 나는 매우 바빠.
  Wǒ hěn máng.

- 金老师最高。 김 선생님이 제일 크셔.
  Jīn lǎoshī zuì gāo.

- 他的姐姐很漂亮。 그의 누나는 정말 예뻐.
  Tā de jiějie hěn piàoliang.

(2) 많은 형용사들이 정도부사의 수식을 받습니다.

예문
- 我很好。 나는 잘 지내.
  Wǒ hěn hǎo.

- 你的脸特别红。 네 얼굴이 굉장히 빨갛다.
  Nǐ de liǎn tèbié hóng.

- 我们学校的食堂挺大。 우리학교 식당은 아주 커.
  Wǒmen xuéxiào de shítáng tǐng dà.

그러나 일부 형용사는 그 자체로도 이미 정도의 의미를 포함하고 있기 때문에 정도부사의 수식을 받을 수 없답니다.

雪白 xuěbái (마치 눈처럼) 희다   很雪白 (×)
冰凉 bīngliáng (얼음처럼) 차갑다   非常冰凉 (×)

(3) 중국어에서 형용사 최상급을 표현하고 싶다면 정도부사를 사용해야 하는데, 이는 표현하고 싶은 등급에 따라 한자의 자체에 변화가 일어나지 않기 때문입니다.

똑소리 나는 쉬운 중국어 어법

☞ 좋은 느낌(好)을 다양한 단계로 표현해 보면...

不太好	比较好	好	很好	非常好	极好
bú tài hǎo	bǐjiào hǎo	hǎo	hěn hǎo	fēicháng hǎo	jí hǎo
별로 안 좋다	비교적 좋다	좋다	아주 좋다	매우 좋다	극도로 좋다

(4) 형용사가 부사 없이 단독으로 서술어로 쓰이면 일반적으로 대조나 비교의 의미를 내포하게 됩니다.

예문
- 外边凉快，咱们去外边吧。 밖은 시원해, 우리 밖으로 가자.
  Wàibiān liángkuai, zánmen qù wàibiān ba.
  ('안쪽은 덥다'는 의미를 내포)

- 他的女朋友漂亮。 그의 여자 친구는 예쁘다.
  Tā de nǚpéngyou piàoliang.
  ('다른 사람의 여자 친구는 예쁘지 않다'는 의미를 내포)

- 这本书新。 이 책은 새 책이다.
  Zhè běn shū xīn.
  ('다른 책은 새 책이 아니다'라는 의미를 내포)

이런 대조나 비교의 의미를 나타내려는 것이 아니라면 형용사 앞에 정도부사 很을 써야 합니다. 이 때 很은 좀 약하게 읽으며, 아주라는 의미는 거의 없어집니다.

 만약 강조하고 싶은 문장이라면 很을 의식적으로 강하게 읽습니다.
他很聪明이라고 하면 '확실히 ~이다'라는 인정, 판단의 느낌을 강조하게 됩니다.

예문
- 外边很凉快。 밖은 정말 시원해.
  Wàibiān hěn liángkuai.
  ('시원하다'는 느낌을 강조)

- 他的女朋友很漂亮。 그의 여자 친구는 정말 예쁘다.
  Tā de nǚpéngyou hěn piàoliang.
  ('예쁘다'는 느낌을 강조)

- 这本书很新。 이 책은 새 책이야.
  Zhè běn shū hěn xīn.
  ('새 책'이라는 느낌을 강조)

5장 형용사 술어문

(5) 관형어로 쓰여 명사나 명사구를 수식합니다.

① 단음절 형용사(몇몇 이음절 형용사 포함)가 관형어로 쓰이면 的는 필요 없게 됩니다.

예문
- 他是我的好朋友。 그는 나의 좋은 친구야.
  Tā shì wǒ de hǎo péngyou.

- 那是我大哥。 저쪽은 나의 큰형이야.
  Nà shì wǒ dà gē.

- 这是我的新书包。 이건 내 새 책가방이야.
  Zhè shì wǒ de xīn shūbāo.

형용사가 직접 한정어가 되는 경우는 매우 제한적이며 습관에 의해 형성된 것이라 암기해야 합니다. 短发 duǎnfà (짧은 머리)라고는 쓰지만 '짧은 천'을 표현하고 싶을 때는 短布 duǎnbù라고 하지 않고, 很短的布 hěn duǎn de bù라고 해야 합니다.

② 이음절 형용사는 비교적 고정적인 형태를 제외하고는 일반적으로 가운데 的를 넣어야 합니다.

예문
- 我羡慕他高高的个子。 나는 그의 큰 키가 부러워.
  Wǒ xiànmù tā gāogāo de gèzi.

- 我喜欢漆黑的头发。 나는 새까만 머리카락이 좋아.
  Wǒ xǐhuan qīhēi de tóufa.

- 妈妈有一双大大的眼睛。 엄마는 커다란 눈을 가지셨다.
  Māma yǒu yì shuāng dàdà de yǎnjing.

③ 多나 少 등은 단독으로 명사를 수식할 수 없으므로 부사와 함께 써야 합니다.

예문
- 我们班只有很少的同学买了新衣服。
  Wǒmen bān zhǐyǒu hěn shǎo de tóngxué mǎile xīn yīfu.
  우리 반에서 아주 적은 학생만 새 옷을 샀다.

- 我在中国有很多朋友。 난 중국에 많은 친구들이 있어.
  Wǒ zài Zhōngguó yǒu hěn duō péngyou.

- 他昨天买了很多CD。 그는 어제 많은 CD를 샀어.
  Tā zuótiān mǎile hěn duō CD.

똑소리 나는 쉬운 중국어 어법

(6) 부사어로 쓰여 동사나 형용사를 수식하기도 합니다.

① 단음절 형용사가 단독으로 부사어로 쓰이는 경우는 많지 않으며 중심어와 결합할 때에도 단음절 동사와 결합하는 경우가 많습니다.

예문 • 少说空话!
Shǎo shuō kōnghuà!
쓸데없는 소리 그만해!

※ 형용사가 단독으로 쓰여 부사어로 쓰이는 어휘

多 duō 많다   少 shǎo 적다   晚 wǎn 늦다
慢 màn 느리다   新 xīn 새롭다   大 dà 크다

② 이음절 형용사가 동작이나 변화를 묘사할 때는 地를 써도 되고 안 써도 되지만, 묘사하는 사람이 동작하는 사람과 일치하면 地를 써야 합니다.

예문 • 他仔细(地)看了E-mail。 그는 이메일을 자세히 보았다.
Tā zǐxì (de) kànle E-mail.
(자세하게 보는 동작을 묘사)

• 女朋友满意地点点头。 여자 친구는 만족스럽게 고개를 끄덕인다.
Nǚpéngyou mǎnyì de diǎndian tóu.
(만족스러운 여자 친구를 묘사)

TIP E-mail: 电子邮件 diànzǐ yóujiàn 또는 伊妹儿 yīmèir

(7) 보어로 쓰여 동사나 형용사의 뒤에서 보충 설명을 하기도 합니다.

① 단음절이나 이음절 형용사 모두 단독으로 쓰여 보어로 쓰입니다.

예문 • 弟弟球踢得好。 남동생은 공을 잘 차.
Dìdi qiú tī de hǎo.

• 今天玩得开心。 오늘 재미있게 놀았어.
Jīntiān wán de kāixīn.

5장 형용사 술어문 57

② 형용사가 단독으로 쓰여 得가 있는 문장의 보어로 쓰일 때는 대조나 비교의 의미를 지니게 됩니다.

예문
- 李老师长得漂亮。 이 선생님은 예쁘셔.
  Lǐ lǎoshī zhǎng de piàoliang.
  ('다른 사람은 안 예쁘다'는 느낌을 표현)

- 我爸爸走得快。 우리 아빠는 걸음이 빠르셔.
  Wǒ bàba zǒu de kuài.
  ('우리 엄마는 걸음이 느리다' 또는 '친구의 아빠는 걸음이 느리다'는 느낌을 표현)

- 姐姐字写得慢。 누나는 글씨를 쓰는 것이 느려.
  Jiějie zì xiě de màn.
  ('다른 사람들은 글씨를 빨리 쓴다' 또는 '누나는 글씨 쓰는 건 느리지만 다른 것은 느리지 않다'는 느낌을 표현)

③ 비교의 의미 없이 단순히 묘사를 할 때는 형용사 앞에 정도부사를 쓰면 됩니다.

예문
- 李老师长得很漂亮。 이 선생님은 예쁘셔.
  Lǐ lǎoshī zhǎng de hěn piàoliang.

- 我爸爸走得很快。 우리 아빠는 걸음이 빠르셔.
  Wǒ bàba zǒu de hěn kuài.

- 姐姐字写得很慢。 누나는 글씨를 쓰는 것이 느려.
  Jiějie zì xiě de hěn màn.

형용사의 중첩

형용사는 왜 중첩하나요?

말하는 사람의 주관적인 판단이나 감정을 표현하거나, 의미 강조 혹은 생동감 있는 묘사를 위해 형용사를 중첩합니다.

형용사를 중첩하는 데에는 몇 가지 규칙이 있습니다.

(1) 단음절 형용사 : A → AA

大 → 大大　　　长 → 长长　　　慢 → 慢慢
dà　dàdà　　　cháng　chángcháng　　màn　mànmān

예문
- 她买了一个大大的面包。 그녀는 커다란 빵을 하나 샀다.
  Tā mǎile yí ge dàdà de miànbāo.

- 妹妹有一头长长的头发。 여동생은 긴 머리카락을 가지고 있다.
  Mèimei yǒu yì tóu chángcháng de tóufa.

- 路滑，慢慢走吧。 길이 미끄러우니 천천히 걸어.
  Lù huá, mànmān zǒu ba.

(2) 이음절 형용사 : 세 가지 방식

① 일반적인 이음절 형용사 : AB → AABB

清楚 qīngchu → 清清楚楚 qīngqingchǔchǔ
明白 míngbai → 明明白白 míngmingbáibái
简单 jiǎndān → 简简单单 jiǎnjiandāndān
干净 gānjìng → 干干净净 gānganjìngjìng

예문
- 你要看得清清楚楚。 너 똑바로 봐야 해.
  Nǐ yào kàn de qīngqingchǔchǔ.

- 她穿得漂漂亮亮的。 그녀는 정말 아름답게 차려 입었어.
  Tā chuān de piàopiaoliàngliàng de.

- 她简简单单地做了几个菜。 그녀는 간단한 음식을 만들었다.
  Tā jiǎnjiandāndān de zuòle jǐ ge cài.

② 수식구조의 형용사 : AB → ABAB, 일반적으로 정도가 심함을 나타냅니다.

雪白 xuěbái	→	雪白雪白 xuěbáixuěbái
笔直 bǐzhí	→	笔直笔直 bǐzhíbǐzhí
冰凉 bīngliáng	→	冰凉冰凉 bīngliángbīngliáng
通红 tōnghóng	→	通红通红 tōnghóngtōnghóng

- 为了有一口雪白雪白的牙齿而努力刷牙。
  Wèile yǒu yì kǒu xuěbáixuěbái de yáchǐ ér nǔlì shuā yá.
  새하얀 치아를 위해 열심히 양치질한다.

- 他站得笔直笔直的。
  Tā zhànde bǐzhíbǐzhí de.
  그는 똑바로 서 있다.

TIP
漂亮, 高兴, 舒服, 热闹, 明白는 의미에 따라 AABB, ABAB 둘 다 가능합니다.

他高高兴兴地走了。 그는 기뻐하며 떠나갔다.
Tā gāogaoxìngxìng de zǒu le.

你给他们说说，也让他们高兴高兴。 너가 그들에게 말해서 그들도 즐겁게 해줘라.
Nǐ gěi tāmen shuōshuo, yě ràng tāmen gāoxìnggāoxìng.

③ 미움과 경멸의 의미를 표현하는 형용사 : AB →A里AB

糊涂 hútu	→	糊里糊涂 húlihútú
土气 tǔqì	→	土里土气 tǔlitǔqì
傻气 shǎqì	→	傻里傻气 shǎlishǎqì
马虎 mǎhu	→	马里马虎 mǎlimǎhu

- 我讨厌他糊里糊涂的样子。 나는 그의 흐리멍덩한 모습이 싫어.
  Wǒ tǎoyàn tā húlihútú de yàngzi.

- 他总是穿得土里土气的。 그는 항상 촌스럽게 입는다.
  Tā zǒngshì chuān de tǔlitǔqì de.

TIP
예쁘다라는 뜻의 漂亮을 漂里漂亮으로 중복하면 안됩니다.

(3) 중첩할 수 없는 형용사

伟大 wěidà 위대하다	幸福 xìngfú 행복하다	勇敢 yǒnggǎn 용감하다	美丽 měilì 아름답다	熟悉 shúxi 익숙하다	困难 kùnnan 곤란하다
光明 guāngmíng 환하다	假 jiǎ 거짓되다	英明 yīngmíng 영명하다	艰巨 jiānjù 막중하다	悲 bēi 슬프다	贼 zéi 교활하다

자주 쓰는 형용사

大 크다 dà	小 작다 xiǎo	多 많다 duō	少 적다 shǎo	远 멀다 yuǎn
近 가깝다 jìn	长 길다 cháng	短 짧다 duǎn	轻 가볍다 qīng	重 무겁다 zhòng
高 높다 gāo	低 낮다 dī	新 새롭다 xīn	旧 낡다 jiù	晚 늦다 wǎn
早 이르다 zǎo	深 깊다 shēn	浅 얕다 qiǎn	快 빠르다 kuài	慢 늦다 màn
好 좋다 hǎo	坏 나쁘다 huài	贵 비싸다 guì	便宜 싸다 piányi	饿 배고프다 è
饱 배부르다 bǎo	难 어렵다 nán	容易 쉽다 róngyì	渴 목마르다 kě	苦 쓰다 kǔ
真 진짜이다 zhēn	假 가짜이다 jiǎ	甜 달다 tián	咸 짜다 xián	黄 노랗다 huáng
热闹 번화하다, 떠들썩하다 rènao		干净 깨끗하다 gānjìng	健康 건강하다 jiànkāng	病 병나다 bìng
糊涂 멍청하다 hútu	聪明 총명하다 cōngming	白 희다 bái	红 붉다 hóng	黑 검다 hēi

형용사와 겨루기

문제 01 다음 문장에서 틀린 곳을 찾아 바르게 고치세요.

(1) 你的脸特别雪白。

→ _____

(2) 昨天我工作很忙了。

→ _____

(3) 他是我的好的朋友。

→ _____

(4) 她做了简单简单的菜。

→ _____

문제 02 A, B, C, D 중 주어진 단어가 들어갈 적당한 위치를 고르세요.

(1) 妈妈 Ⓐ 有 Ⓑ 一双 Ⓒ 大大 Ⓓ 眼睛。(的)

문제 03 괄호 속에 들어갈 알맞은 글자를 쓰세요.

(1) 我讨厌他糊(　　　　)糊涂的样子。

(2) 他昨天买了(　　　　)多CD。

6장 부사를 이용하는 문장

부사(副词 fùcí)란?

동사나 형용사 앞에 쓰여 시간, 정도, 빈도, 장소, 상태, 범위, 부정 등을 나타내는 말입니다.

부사   **기본형식** 부사 + 동사 / 형용사

부사란?

동사나 형용사 앞에 쓰여 시간, 정도, 빈도, 장소, 상태, 범위, 부정 등을 나타내는 것을 말합니다.

> 부사 + 동사 / 형용사

형용사 뒤에 地를 붙여 부사의 역할을 하게 할 수도 있습니다.

爸爸高高兴兴地唱歌。 아빠는 신나게 노래를 하신다.
Bàba gāogaoxìngxīng de chàng gē.

高高兴兴은 형용사지만 地가 붙어서 부사의 역할을 합니다. 이 때 地는 de라고 경성으로 읽어줍니다.

부사의 종류

시간을 나타내는 부사

동작이 발생하거나 상태가 지속되는 시간을 나타냅니다.

刚	才	已经	就	正在	马上	一直
gāng	cái	yǐjing	jiù	zhèngzài	mǎshàng	yìzhí

예문
- 爸爸刚回来。 아빠는 방금 전에 돌아오셨어.
  Bàba gāng huílai.

- 我姐姐已经结婚了。 우리 언니는 이미 결혼했어.
  Wǒ jiějie yǐjing jiéhūn le.

- 对不起，请等一会儿，我马上来。
  Duìbuqǐ, qǐng děng yíhuìr, wǒ mǎshàng lái.
  미안해요, 잠시만 기다려줘요, 곧 올게요.

(1) 才와 就 : 어감상 늦음과 빠름의 차이

才는 말하는 사람이 느끼기에 시간이 늦었거나 길거나, 나이가 어리거나, 수량이 적음을 나타냅니다.

就는 말하는 사람이 느끼기에 시간이 이르거나 짧거나, 수량이 많음을 나타냅니다.

예문
- 八点**才**上课，你怎么七点**就**来了?
  　　(늦음)　　　　　　(이름)
  Bā diǎn cái shàngkè, nǐ zěnme qī diǎn jiù lái le?
  8시나 되어야 수업을 하는데 너는 7시밖에 안됐는데 왜 벌써 왔니?

- 我排了半天队**才**买到，你怎么一会儿**就**买到了?
  　　　　　(길다)　　　　　　　　(짧다)
  Wǒ páile bàntiān duì cái mǎidào, nǐ zěnme yíhuìr jiù mǎidào le?
  나는 한참을 줄을 서서 겨우 샀는데, 너는 어떻게 금방 샀니?

(2) 才와 都

才는 말하는 사람이 느끼기에 시간이 이르거나 짧거나, 나이가 어리거나, 수량이 적음을 나타냅니다.
都는 말하는 사람이 느끼기에 시간이 늦었거나 길거나, 나이가 많거나, 수량이 많음을 나타내며, 보통 뒤에 了가 옵니다.

예문
- **才**五点，你怎么就起床了? 겨우 5시밖에 안됐는데 벌써 일어났어?
  Cái wǔ diǎn, nǐ zěnme jiù qǐchuáng le?
  (시간이 이름)

- **都**十一点了，快睡吧! 곧 11시야, 얼른 자!
  Dōu shíyī diǎn le, kuài shuì ba!
  (시간이 늦음)

 都 dōu와 已经 yǐjing은 시간을 나타내는 말과 함께 쓰여 시간이 지났음을 나타냅니다.

범위를 나타내는 부사

동작이 발생하거나 상태가 지속되는 범위를 나타냅니다.

都	一共	一起	一块儿	只
dōu	yígòng	yìqǐ	yíkuàir	zhǐ

예문
- 我们班的学生今天**都**去故宫。
  Wǒmen bān de xuésheng jīntiān dōu qù Gùgōng.
  우리 반 학생들은 오늘 모두 고궁에 간다.

- 一共多少钱? 모두 얼마에요?
  Yígòng duōshao qián?

- 明天他也一起去。 내일 그도 함께 가.
  Míngtiān tā yě yìqǐ qù.

 都 dōu는 也 yě와 함께 쓰일 때 也都 yě dōu의 순서로 쓰입니다.

정도를 나타내는 부사

상태의 정도를 나타냅니다.

太	很	真	更	挺	最	非常	比较
tài	hěn	zhēn	gèng	tǐng	zuì	fēicháng	bǐjiào

(1) 太 매우, 너무

주관적인 평가의 성격을 지니고 있으며 정도가 지나침을 나타냅니다. 감탄에 많이 사용되며 일반적으로 문장 끝에 了를 동반합니다.

예문
- 老师说得太有意思了。 선생님 말씀은 너무 재미있어.
  Lǎoshī shuō de tài yǒuyìsi le.

- 他的妹妹太可爱了。 그의 여동생은 너무 귀여워.
  Tā de mèimei tài kě'ài le.

- 车开得太快了，太危险了。
  Chē kāi de tài kuài le, tài wēixiǎn le.
  차를 너무 빨리 몰아, 너무 위험해.

(2) 很 아주

정도가 심함을 나타내는데 太나 真보다 더 객관적이며, 부정적 어감을 주는 말과는 잘 호응하지 않습니다. 또 太는 문장 끝에 주로 了를 사용하지만 很은 사용하지 않습니다.

예문
- 他们的生活很幸福。 그들은 아주 행복하게 생활해.
  Tāmen de shēnghuó hěn xìngfú.

- 孩子们玩得很开心。 아이들은 무척 즐겁게 놀고 있어.
  Háizimen wán de hěn kāixīn.

중국어에서 형용사는 혼자 쓰이는 경우가 매우 드물며, 보통 앞에 很을 붙이는데 이 때 很은 뜻이 매우 약화됩니다. 즉 我好 Wǒ hǎo라는 문장은 상당히 어색하며, 我很好 Wǒ hěn hǎo라고 해야 합니다.
很多 Hěn duō도 매우 많다라기 보다는 많다라는 정도의 느낌이며 강조하고 싶을 땐 很에 강세를 주어 말하면 됩니다.

(3) **真** 정말

실제로라는 뜻이 있어 긍정을 강화시킵니다. 구조적으로 봤을 때 很과의 가장 큰 차이점은 '真 + 형용사' 형식은 문장에서 관형어로 쓰일 수 없다는 점입니다.

예문
- 他的汉字写得**真**好看。 그는 한자를 아주 잘 써.
  Tā de hànzì xiě de zhēn hǎokàn.

  我跟别的留学生进行了**真**有意思的交流。(×)

(4) **更** 더, 더욱

更의 가장 큰 특징은 주로 비교문에 쓰인다는 것입니다. 원래 가지고 있던 정도나 상황보다 한 단계 더 발전했음을 나타내며 변화나 발전을 표현하므로 문장 끝에 일반적으로 了를 사용합니다.

예문
- 他比以前**更**懂事了。
  Tā bǐ yǐqián gèng dǒngshì le.
  그는 예전보다 훨씬 더 철이 들었어.

- 我**更**喜欢这个地方了。
  Wǒ gèng xǐhuan zhège dìfang le.
  나는 이곳이 더 좋아졌어.

빈도를 나타내는 부사

동작이나 상태가 발생하는 빈도를 나타냅니다.

又	再	还	也
yòu	zài	hái	yě
常	常常	经常	往往
cháng	chángcháng	jīngcháng	wǎngwǎng

(1) 再와 又 : 미래의 반복이나 과거행위의 반복

동작의 중복 발생이나 계속적인 진행을 나타낼 때 사용합니다. 再는 주관적이며 주로 미완성인 것(미래 행위)의 중복 발생에 사용하지만, 又는 객관적이며, 동작이 이미 실현되었거나(과거 행위) 중복되었음을 나타낼 때 사용합니다.

예문
- 再写一遍。 다시 한 번 쓰다. (중복이 유지됨)
  Zài xiě yí biàn.

- 又写了一遍。 또 한 번 썼다. (이미 중복된 객관적인 내용 표현)
  Yòu xiěle yí biàn.

再는 능원동사 뒤에만 올 수 있고, 又는 능원동사 앞에만 올 수 있습니다.

(2) 还와 再 : 동작의 반복이나 연속

还는 일반적으로 말하기 전에 이미 어떤 바람을 가지고 있었음을 나타낼 때 사용합니다. 즉 조건을 다 갖추었음에도 다시 그 동작을 반복함을 나타냅니다. 再는 말하는 사람이나 듣는 사람이 이야기를 하면서 어떤 새로운 바람을 갖게 되었을 때 사용합니다. 즉 '~하고 나서, ~한 후에'처럼 행위가 발생한 이후의 시점에 발생하는 행위를 나타내려는 경우에 쓰입니다.

예문
- A: 真对不起，明天还得让您跑一趟。
  Zhēn duìbuqǐ, míngtiān hái děi ràng nín pǎo yí tàng.
  정말 미안해요, 내일 다시 한 번 오셔야겠어요.

- B: 没关系，明天我还要来这儿办事。(원래 계획에 있었음)
  Méi guānxi, míngtiān wǒ hái yào lái zhèr bàn shì.
  괜찮아요, 내일도 이곳에 와서 일을 봐야 하는걸요.

- B: 没关系，明天我再来一趟。(상황을 접하고 결정함)
  Méi guānxi, míngtiān wǒ zài lái yí tàng.
  괜찮아요, 내일 다시 한 번 오죠.

1. 의문문에서는 주로 还를 사용합니다.
- 昨天进了城，后天还进城吗? 어제 시내에 다녀왔는데, 모레 또 가야 한다는 말인가?
  Zuótiān jìnle chéng, hòutiān hái jìnchéng ma?

II. 还는 이미 어떤 상황이 있었는데 이 상황에 무엇인가를 더 첨가한다는 어감도 가지고 있습니다.

- 你还喜欢什么? 너 또 무엇을 좋아하니?
  Nǐ hái xǐhuan shénme?

(3) 也와 又 : 주어의 다름과 같음

둘 다 서로 같다는 의미를 나타내지만 也는 서로 다른 사람의 동작이 같음을 나타내고, 又는 본인의 이전 동작과 같음을 나타냅니다.

예문
- 小王病了, 小李也病了。 왕 군이 아프고, 이 군도 아프데.
  Xiǎo Wáng bìng le, Xiǎo Lǐ yě bìng le.

- 小王上星期感冒了, 这星期怎么又病了?
  Xiǎo Wáng shàng xīngqī gǎnmào le, zhè xīngqī zěnme yòu bìng le?
  왕 군은 지난 주에 감기에 걸렸었는데, 어떻게 이번 주에 또 병이 났어?

又는 주기적인 반복이나 모순된 상황을 표시할 수 있습니다.

明天又是星期天了。 내일이 또 일요일이구나.
Míngtiān yòu shì xīngqītiān le.

熊猫头非常大, 耳朵又这么小。 판다의 머리는 매우 큰 데, 귀는 오히려 이렇게 작구나.
Xióngmāo tóu fēicháng dà, ěrduo yòu zhème xiǎo.

※반복 표현
又 – 반복이 이미 실현. 또(과거의 일).
再 – 반복이 아직 실현되지 않았음. 다시(향후의 일).
还 – 의문문에 사용. 그리고, 또한, 그런대로, 더욱
(반복이 실현되지 않았어도 반드시 실현될 일이나 주기적으로 반복되는 일에는 又를 쓸 수 있습니다.)

※经常과 常常
经常이 常常에 비해 발생 빈도가 더 높으며 그 동작이나 상황이 규율성이 있거나 습관적이라는 것을 강조합니다. 常常은 일반적인 동작이나 상황이 빈번하게 발생하는 것만을 나타냅니다.

부정을 나타내는 부사

不	没(有)	别
bù	méi(yǒu)	bié

(1) 不

현재와 미래, 과거 부정에 모두 사용하며, 주관적인 바람 혹은 자주 발생하거나 습관적인 것을 부정합니다.

예문
- 我**不**吃早饭。 나는 아침을 안 먹어.
  Wǒ bù chī zǎofàn.
  (주관적 의지 표현, 현재)

- 明天他**不**准备回国。 내일 그는 귀국할 생각이 없다.
  Míngtiān tā bù zhǔnbèi huí guó.
  (주관적인 바람, 미래)

(2) 没(有)

객관적인 진술에 주로 사용되며, 동작이나 상태의 발생이나 완성을 부정합니다. 따라서 과거나 현재에만 사용되며 미래를 나타낼 때는 쓰일 수 없습니다.

예문
- 我**没**吃早饭呢。 나는 아침을 못 먹었어.
  Wǒ méi chī zǎofàn ne.
  (객관적인 사실 표현, 현재)

- 天还**没**亮，再睡一会儿吧。 날이 아직 안 밝았으니 좀 더 자렴.
  Tiān hái méi liàng, zài shuì yíhuìr ba.
  (상태의 발생을 부정)

(3) 别

명령문에서만 사용하며, **不要**로 바꾸어 쓸 수도 있습니다.

예문
- 今天太累就**别**学习了。
  Jīntiān tài lèi jiù bié xuéxí le.
  오늘 너무 피곤하면 공부하지 마.

- 你先**别**走，我有事和你商量。
  Nǐ xiān bié zǒu, wǒ yǒu shì hé nǐ shāngliang.
  일단 가지 마, 내가 너와 상의할 것이 있어.

부사는 어떻게 사용할까요?

(1) 일반적으로 동사나 형용사를 수식합니다.

(2) 부사가 대답으로 쓰일 때는 이를 수식하는 서술어와 함께 써야 하며 일부의 부사를 제외하고는 대부분 단독으로 사용할 수 없습니다.

☞ 단독으로 쓸 수 있는 부사 : 不, 没有, 也许, 一定, 有点儿 등

부사는 어떻게 부정하나요?

(1) 일부 부사는 부정사를 반드시 부사 뒤에 써야 합니다. 특히 시간부사, 어기부사, 심경을 나타내는 부사 등이 그렇습니다.

※ 부사 + 不 / 没 + 서술어

才 cái	又 yòu	决 jué	从来 cónglái	本来 běnlái
差点儿 chàdiǎnr	简直 jiǎnzhí	反正 fǎnzhèng	几乎 jīhū	

예문
- 那个怪地方，我**才不**去呢！ 그런 이상한 곳에, 나는 안 가!
  Nà ge guài dìfang, wǒ cái bú qù ne!
  我不才去呢。(×)

- 这件事他**从来没**跟我说过。 그는 이 일을 나에게 말한 적이 없어.
  Zhè jiàn shì tā cónglái méi gēn wǒ shuō guo.
  没从来跟我说过。(×)

☞ 불행한 일과 관련되었을 때
差点儿 = 差点儿没
差点儿이나 几乎가 주관적으로 발생하기를 원하지 않은 일을 표현할 때는, 동사의 긍정형식과 부정형식이 같은 의미를 지닌다.

예문 • 这次**差点儿**(**没**)迟到。 이번에는 지각할 뻔했다.
　　　　Zhècì chàdiǎnr (méi) chídào.

☞ 희망하는 일이었을 경우 **差点儿没**는 이미 실현했음을 나타내고 **差点儿**은 실현하지 못했음을 나타냅니다.

예문 • 他俩越吵越凶，**几乎没**打起来。
　　　　Tā liǎ yuè chǎo yuè xiōng, jīhū méi dǎ qǐlai.
　　　　그들의 맞싸움은 점점 더 과격해져서 거의 싸울 뻔 했다.
　　　　(싸우지 않았음)

• 他俩越吵越凶，**几乎**打了起来。
　Tā liǎ yuè chǎo yuè xiōng, jīhū dǎle qǐlai.
　그들의 맞싸움은 점점 더 과격해져서 거의 싸우려고 했다.
　(싸우지 않았음)

(2) 일부 부사는 부정사를 반드시 부사 앞에 써야 합니다.

不 / 没 + 부사 + 서술어
马上　／　曾　／　一起　／　一块儿　／　光
mǎshàng　céng　yìqǐ　yíkuàir　guāng

예문 • 我们还要等一会儿，**不马上**走。
　　　　Wǒmen hái yào děng yíhuìr, bù mǎshàng zǒu.
　　　　우리는 좀 더 기다려야 해, 바로 안 가.
　　　　马上不走。(×)

• 我**未曾**见过东方神起，却好像早认识他们了。
　Wǒ wèi céng jiànguo Dōngfāngshénqǐ, què hǎoxiàng zǎo rènshi tāmen le.
　나는 전에 동방신기를 만난 적은 없지만, 예전부터 그들을 알고 있는 것 같아.
　曾未见过东方神起。(×)

(3) 부정의 범위 : 부정사의 위치에 따라 부정하는 범위가 달라집니다.

都	全	太	很	一定
dōu	quán	tài	hěn	yídìng

· 他们**都**不喜欢棒球。 그들은 모두 야구를 싫어해. – 전체
　　Tāmen dōu bù xǐhuan bàngqiú.

· 他们**不都**喜欢棒球。 그들 모두가 야구를 좋아하는 것은 아니야. – 일부
　Tāmen bù dōu xǐhuan bàngqiú.

· 那儿交通**很**不方便。 그곳의 교통은 매우 불편해. – 정도가 심함
　Nàr jiāotōng hěn bù fāngbiàn.

· 那儿交通**不很**方便。
　Nàr jiāotōng bù hěn fāngbiàn.
　그곳의 교통은 그다지 편리하지 않아. – 정도가 약함

不**太**好。 그다지 좋지 않다.
Bú tài hǎo.

太不好。 매우 좋지 않다.
Tài bù hǎo.

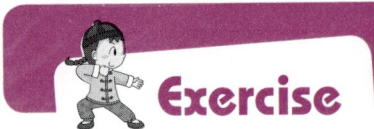

Exercise

부사와 겨루기

문제 01 다음 문장에서 틀린 곳을 찾아 바르게 고치세요.

(1) 他们都身体好吗?

→

(2) 上海那几天一直下了雨。

→

(3) 小时候, 我常常去滑冰了。

→

(4) 我们还要等一会儿, 马上不走。

→

문제 02 A, B, C, D 중 주어진 단어가 들어갈 적당한 위치를 고르세요.

(1) 小李 Ⓐ 已 Ⓑ 决定不 Ⓒ 找男朋友 Ⓓ 了。(再)

(2) 我觉得 Ⓐ 他 Ⓑ 会 Ⓒ 相信我 Ⓓ 的。(一定)

(3) 这个学校的设施是一流的, Ⓐ 这个学校的 Ⓑ 师资 Ⓒ 一样是 Ⓓ 一流的。(也)

(4) Ⓐ 我的努力没有 Ⓑ 白费, Ⓒ 考上理想的大学 Ⓓ 了。(终于)

문제 03 괄호 속에 들어갈 알맞은 글자를 쓰세요.

(1) 我今天十点半(　　　　)起来。

(2) 她三岁(　　　　)开始学弹钢琴。

7장 명사 술어문

명사술어문이란?

서술어의 주요성분이 명사, 명사구, 수량사 등인 문장을 말합니다. 서술어는 주로 날짜, 날씨, 연령, 수량, 가격, 특징, 속성 등을 나타냅니다.

명사술어문 　기본형식　 주어 + 서술어(명사/명사구/수량사)

명사 술어문의 쓰임

서술어에 부사가 올 수 있습니다.

예문
- 明天**已经**十月十号了。 내일이 벌써 10월 10일이야.
  Míngtiān yǐjing shí yuè shí hào le.

- 三斤草莓**一共**三块五毛。 딸기 세 근은 모두 3.5위안이야.
  Sān jīn cǎoméi yígòng sān kuài wǔ máo.

부정형식

명사술어문은 주어를 설명하고 묘사하는 문장이라 부정형식은 반박하는 경우에 한정되어 사용하며 형식은 **不是**를 씁니다. 부정을 나타내고자 할 때는 **是**자 문을 사용합니다.

예문
- 今天**不是**三号，今天四号。 오늘은 3일이 아니라, 4일이야.
  Jīntiān bú shì sān hào, jīntiān sì hào.

- 我**不是**中国人，我是韩国人。 난 중국 사람이 아니라, 한국 사람이야.
  Wǒ bú shì Zhōngguórén, wǒ shì Hánguórén.

 위 형식은 회화체에서 자주 쓰이는 문형으로 서면어나 격식을 갖추는 상황에서는 잘 사용하지 않습니다.

명사란?

명사(名词)란?

사람이나 사물의 명칭을 표현하는 말입니다.

명사의 종류

(1) 일반명사

学生 xuésheng 학생   路 lù 길   笔 bǐ 펜

(2) 방위명사

공간과 시간을 표현하는 말로, 단음절 방위명사와 합성방위명사로 나뉩니다. 단음절 방위명사는 주로 다른 말에 붙어서 의존적으로 쓰이고, 합성방위명사는 단독으로도 쓰입니다.

《방위명사표》

		上 shàng	下 xià	前 qián	后 hòu	左 zuǒ	右 yòu	里 lǐ	外 wài	内 nèi	中 zhōng	间 jiān	旁 páng
앞에 첨가	以 yǐ	○	○	○	○				○	○			
	之 zhī	○	○	○	○				○	○	○	○	
뒤에 첨가	边 bian	○	○	○	○	○	○	○	○				○
	面 miàn	○	○	○	○	○	○	○	○				
	头 tou	○	○	○	○			○	○				

※ 표에서 ○가 있는 어휘만 결합 가능함을 표시

예문 • 我的照片在那个书包里。 내 사진은 그 책가방 안에 있어.
  Wǒ de zhàopiàn zài nà ge shūbāo li.

• 前边有一个很大的商场。 앞쪽에 큰 상점이 하나 있어.
  Qiánbian yǒu yí ge hěn dà de shāngchǎng.

(3) 시간명사

现在 지금 xiànzài	今天 오늘 jīntiān	星期 주, 요일 xīngqī	晚上 저녁 wǎnshàng	下午 오후 xiàwǔ
……年 ~년, 해 nián	……后 ~후 hòu	……月 ~월 yuè	……点 ~시 diǎn	……时 ~시, 때 shí

명사는 어떻게 쓰이나요?

(1) 거의 모든 문장 성분이 될 수 있습니다.

小李	今天	看	图书馆的	小说	看了	一个小时了。
Xiǎo Lǐ	jīntiān	kàn	túshūguǎn de	xiǎoshuō	kànle	yí ge xiǎoshí le.
주어	부사어		관형어	목적어		보어

(2) 서술어로도 쓰입니다.

예문
- 今天星期三。 오늘은 수요일이다.
  Jīntiān xīngqīsān.

- 他十六岁。 그는 열여섯 살이야.
  Tā shíliù suì.

(3) 시간명사가 부사어로 쓰이는 경우에는 주어와 서술어 사이에 위치해야 하는데, 시간을 강조하고 싶으면 주어 앞에 써도 상관없습니다.

예문
- 我们明天去看京剧。 우리 내일 경극 보러 가.
  Wǒmen míngtiān qù kàn jīngjù.

- 明天我们去看京剧。 내일 우리는 경극 보러 가.
  Míngtiān wǒmen qù kàn jīngjù.

(4) 수사의 수식을 받을 수 있으나 직접 숫자와 결합하지는 않습니다.

수사 + 양사 + 명사

예문
- 三学生(×) → 三个学生 학생 세 명
  sān ge xuésheng

- 两桌子(×) → 两张桌子 탁자 두 개
  liǎng zhāng zhuōzi

(5) 在, 去, 来가 명사나 대사를 목적어로 가지려면 방위사나 这儿, 那儿 등을 이용하여 명사나 대사를 장소를 나타내는 말로 바꾸어줘야 합니다.

在 / 去 / 来 + 명사 / 대명사 + 방위사 / 这儿/那儿

예문
- 他在沙发上看书。 그는 소파에서 책을 본다.
  Tā zài shāfā shang kàn shū.

- 我去王老师那儿了。 나는 왕 선생님이 계신 (그)곳에 갔다.
  Wǒ qù Wáng lǎoshī nàr le.

(6) 복수를 나타낼 때는 복수를 나타내는 어휘를 사용합니다.

① 수량사 / 很多 + 명사 : 三位老师 선생님 세 분

② 부사 都나 全사용 : 客人都来了。손님들은 다 오셨습니다.

③ 사람명사 + 们 : 我们 우리   朋友们 친구들

※们은 다른 복수를 나타내는 성분들과는 함께 쓰지 않습니다.

三个同学们(×)　　　　　　　我们的老师们(×)

(7) 국가명이나 지명 뒤에는 방위명사 里를 붙일 수 없습니다.

예문 • 老师现在在哪儿? ----- 在中国里。(×)
　　　　Lǎoshī xiànzài zài nǎr?
　　　　선생님은 지금 어디에 계시니?

　　　• 北京里的人太多了。(×)

※ ~上과 ~里의 구분법

里 장소를 공간으로 생각할 때 : 书包里 shūbāo li, 心里 xīnli
上 장소를 면으로 생각할 때 : 墙上 qiáng shang, 桌子上 zhuōzi shang

명사와 겨루기

문제 01　다음 문장에서 틀린 곳을 찾아 바르게 고치세요.

　　　　(1) 我们班有三十学生。

　　　　→ _____

　　　　(2) 今天我们的老师们都来吗?

　　　　→ _____

　　　　(3) 老师现在在中国里。

　　　　→ _____

문제 02　괄호 속에 들어갈 알맞은 글자를 쓰세요.

　　　　(1) 他在沙发(　　　　　)看书。

　　　　(2) 我要去老师(　　　　　)拿东西。

　　　　(3) 三车货(　　　　　)5万块。

8장 대사를 이용하는 문장

대사(代词 dàicí)란?

명사, 동사, 형용사, 수사 등을 대신하여 쓰이는 말을 대사라고 합니다.

대사란?

명사, 동사, 형용사, 수사 등을 대신하여 쓰이는 말입니다.

대사의 종류

인칭대사

	1인칭		2인칭		3인칭		
단수	我 wǒ 나		你 nǐ 너		他 그 tā	她 그녀 tā	它 그것 tā
복수	我们 wǒmen 우리	咱们 zánmen	你们 nǐmen 너희들		他们 그들 tāmen	她们 그녀들 tāmen	它们 그것들 tāmen

(1) 我们과 咱们

회화체에서 많이 사용하는 咱们은 대화 중인 상대방을 반드시 포함하지만, 我们은 포함하지 않을 수도 있습니다.

예문
- 老师，请告诉我们你的地址。
  Lǎoshī, qǐng gàosu wǒmen nǐ de dìzhǐ.
  선생님, 우리에게 선생님 주소 좀 알려 주세요.
  (대화상대인 선생님은 我们에 포함되지 않음)

- 老师，我们一起去吃饭吧。 선생님, 우리 같이 식사해요.
  Lǎoshī, wǒmen yìqǐ qù chī fàn ba.
  (선생님 포함)

- 老师，咱们走吧。 선생님, 우리 가요.
  Lǎoshī, zánmen zǒu ba.
  (선생님 포함)

(2) 你와 您

你의 존칭인 您은 회화체에서 복수를 나타낼 경우 您们으로 쓰이지 않고, 您两位, 您诸位, 您几位라고 말합니다.
예외적으로 서면어에서는 간혹 您们이라는 복수형태를 사용하기도 합니다.

(3) 他们과 它

① 他们은 일반적으로 남성을 나타내나, 여성을 포함하기도 합니다.

예문 • 姐姐和弟弟他们都回来了。
Jiějie hé dìdi tāmen dōu huílai le.
누나(언니)와 남동생 그들은 모두 돌아왔어.

② 它나 它们은 사물이나 사람 이외의 기타 생물을 대신 가리키는 것으로, 실제 언어 환경에서는 대부분 생략되고 잘 사용되지 않습니다. 단 把자 문에서는 생략할 수 없습니다.

예문 • 这本词典放在这儿好几天了，是谁的?
Zhè běn cídiǎn fàng zài zhèr hǎo jǐ tiān le, shì shéi de?
이 사전은 여기에 며칠 동안 놓여져 있던데, 누구 것이니?
(它是谁的라고 하지 않습니다.)

• 这两件衬衫很好看，我很想买。
Zhè liǎng jiàn chènshān hěn hǎokàn, wǒ hěn xiǎng mǎi.
이 셔츠 두 벌은 너무 예뻐서, 사고 싶다. (买它们이라고 하지 않습니다.)

(4) 인칭대사가 친척관계나 소속관계를 나타내는 문장에서 관형어 역할을 할 때는 일반적으로 조사 的를 생략합니다.

我(的)弟弟 내 남동생	我(的)办公室 나의 사무실
wǒ (de) dìdi	wǒ (de) bàngōngshì

의문대사

의문대사 뿐만 아니라 의문부사까지 포함합니다.

질문내용	의 문 대 사		
사람 · 사물	谁 누구 shéi	什么 무엇,어떤 shénme	哪 어느 nǎ
모습 · 방식	怎么 어떻게 zěnme	怎样 어때 zěnyàng	怎么样 어때 zěnmeyàng
시간 · 장소	哪里 어디 nǎli	哪儿 어디 nǎr	
숫자	多少 얼마 duōshao	几 몇 jǐ	

8장 대사를 이용하는 문장 83

(1) 谁는 누구라는 뜻으로 주어, 목적어, 관형어로 쓰입니다.

예문 • 你是谁？ 넌 누구니?
Nǐ shì shéi?

• 他是谁的朋友？ 저 사람은 누구 친구야?
Tā shì shéi de péngyou?

• 谁最聪明？ 누가 제일 똑똑해?
Shéi zuì cōngming?

 谁 shéi는 shuí로 발음하기도 합니다.

(2) 什么는 무엇, 어떤의 뜻으로 주로 명사 앞에 쓰입니다.

예문 • 你喜欢什么颜色的衣服？ 넌 어떤 색상의 옷을 좋아하니?
Nǐ xǐhuan shénme yánsè de yīfu?

• 爸爸什么时候回来？ 아빠는 언제 돌아오셔?
Bàba shénme shíhou huílai?

• 你想去什么地方？ 너는 어느 곳에 가고 싶니?
Nǐ xiǎng qù shénme dìfang?

• 你笑什么？ 왜 웃어?
Nǐ xiào shénme?

 의문대사에 물음표를 붙이면 의문을, 느낌표를 붙이면 부정의 의미를 나타냅니다.

你笑什么? 왜 웃어?　　你笑什么！ 웃긴 왜 웃어!
Nǐ xiào shénme?　　Nǐ xiào shénme!

(3) 怎么는 어떻게, 어떤이라는 뜻으로 방식이나 원인, 상황을 나타냅니다.

예문 • 请问，去天安门怎么走？
Qǐngwèn, qù Tiān'ānmén zěnme zǒu?
말씀 좀 여쭐게요. 천안문을 가려면 어떻게 가죠?

- 你**怎么**不去? 너는 왜 안가니?
  Nǐ zěnme bú qù?

- 你**怎么**了? 왜 그래? (무슨 일이야?)
  Nǐ zěnmele?

(4) **哪儿**은 어디라는 뜻으로 장소를 물을 때 씁니다.

예문
- 你去**哪儿**? 어디가?
  Nǐ qù nǎr?

- 他从**哪儿**来? 그 사람은 어디서 왔어?
  Tā cóng nǎr lái?

- 你住在**哪儿**? 너는 어디에 사니?
  Nǐ zhù zài nǎr?

(5) **哪**는 어느라는 뜻으로 성질이나 특성, 소속, 원하는 바를 물을 때 양사 혹은 양사 역할을 하는 명사와 함께 씁니다.

예문
- 你是**哪**国人? 너는 어느 나라 사람이야?
  Nǐ shì nǎ guó rén?

- 爸爸要**哪**个? 아빠는 어느 것을 원하셔?
  Bàba yào nǎ ge?

- 今天穿**哪**件衣服好呢? 오늘은 어떤 옷을 입는 것이 좋을까?
  Jīntiān chuān nǎ jiàn yīfu hǎo ne?

(6) **多少**와 **几**

多少는 숫자의 많고 적음에 상관없이 쓰이고, 양사는 있어도 되고 없어도 됩니다. 그러나 **几**는 10미만의 숫자를 나타내고, 양사와 함께 써야 합니다.

예문
- 这个大学有**多少**(个)学生? 이 대학에는 학생이 몇 명이나 있나요?
  Zhège dàxué yǒu duōshao (ge) xuésheng?

- 你有**几**本中文书? 너는 중국어 책이 몇 권이나 있니?
  Nǐ yǒu jǐ běn Zhōngwén shū?

- 你家有**几**口人? 너희 식구는 몇 명이야?
  Nǐ jiā yǒu jǐ kǒu rén?

지시대사				
这 이 zhè	这些 이것들 zhèxiē	这里, 这儿 여기 zhèli, zhèr	这么 이렇게 zhème	这样 이런 zhèyàng
那 그, 저 nà	那些 저것들 nàxiē	那里, 那儿 저기 nàli, nàr	那么 그렇게 nàme	那样 저런 nàyàng

 지시대사는 명사의 역할만을 하는 것이 아니라서 지시대명사라고 하지 않고 지시대사라고 합니다.

(1) 这와 那

가까운 것을 지칭하는 이(것)은 这로, 먼 것을 지칭하는 저(것)은 那로 표현합니다. 가깝지도 멀지도 않은 중간 단계인 그(것)을 표현할 때는 这도 될 수 있고, 那도 될 수 있습니다.
문장에서 대부분 주어로 쓰여 사물을 가리키며, 사람을 가리킬 때는 대부분 是자문을 씁니다.

예문
- 这些我都见过。 이것들은 모두 내가 본 적이 있는 것들이야.
  Zhèxiē wǒ dōu jiànguo.

- 那是我们的汉语老师。 저 분은 우리 중국어 선생님이셔.
  Nà shì wǒmen de Hànyǔ lǎoshī.

 구어체에서는 这个 zhèige, 那个 nèige로 발음하기도 합니다.

(2) 这儿과 那儿

这儿과 那儿은 인칭대사나 장소를 나타내지 않는 명사와 결합하여 장소를 나타내는 역할을 합니다.

예문
- 到我们这儿来吧。 우리가 있는 곳으로 와.
  Dào wǒmen zhèr lái ba.

- 他们那儿太高了。 그들이 있는 그곳은 너무 높아.
  Tāmen nàr tài gāo le.

(3) 这样, 那样과 这么, 那么

这样, 那样은 관형어, 서술어, 보어로도 쓰일 수 있지만, 这么, 那么는 부사어로만 쓰입니다.

예문 • 这样的先进人物是值得大家学习的。
Zhèyàng de xiānjìn rénwù shì zhíde dàjiā xuéxí de.
이렇게 뛰어난 인물은 모든 사람이 본받고 배울만 해. (관형어)

• 天气怎么热成这样？ 날씨가 어쩌면 이렇게 덥니? (보어)
Tiānqì zěnme rèchéng zhèyàng?

• 你应该这样。 넌 마땅히 이래야지. (서술어)
Nǐ yīnggāi zhèyàng.

• 怎么这么帅！ 어쩌면 이렇게 멋져! (부사어)
Zěnme zhème shuài!

• 他本来那么胖。 그 애는 원래 그렇게 뚱뚱해. (부사어)
Tā běnlái nàme pàng.

대사의 사용 방법

(1) 주어나 목적어로 쓰입니다.

예문 • 我爱你。 나는 너를 사랑해.
Wǒ ài nǐ.

(2) 관형어나 서술어로도 쓸 수 있습니다.

예문 • 你的身体怎么样？ 너의 건강은 어때?
Nǐ de shēntǐ zěnmeyàng?

(3) 부사어로 쓰이는 경우도 있습니다.

예문 • 这个汉字怎么念？ 이 글자는 어떻게 읽니?
Zhè ge Hànzì zěnme niàn?

(4) 보어로도 쓰입니다.

예문 • 他们唱得怎么样？ 그 사람들 노래 부르는 거 어때?
Tāmen chàng de zěnmeyàng?

대사와 겨루기

문제 01 다음 문장에서 틀린 곳을 찾아 바르게 고치세요.

(1) 到我们来吧。

→ _____

(2) 天气怎么热成这么?

→ _____

문제 02 A, B, C, D 중 주어진 단어가 들어갈 적당한 위치를 고르세요.

(1) Ⓐ 王老师是 Ⓑ 一个 Ⓒ 的人 Ⓓ ? (怎样)

(2) Ⓐ 今天 Ⓑ 穿 Ⓒ 件衣服 Ⓓ 好呢? (哪)

문제 03 괄호 속에 들어갈 알맞은 글자를 쓰세요.

(1) 那是(   )杂志?

(2) 我没有你说的(   )胖。

(3) 他唱歌唱得(   )?

9장 수사를 이용하는 문장

수사(数词 shùcí)란

숫자를 이용해 수량이나 순서를 나타내는 말입니다.

수사란?

숫자를 이용해 수량이나 순서를 나타내는 말입니다.

一	二	三	四	五	六	七	八	九	十	一百	一千	一万	一亿	一兆	등
yī	èr	sān	sì	wǔ	liù	qī	bā	jiǔ	shí	yìbǎi	yìqiān	yíwàn	yíyì	yízhào	
일	이	삼	사	오	육	칠	팔	구	십	백	천	만	억	조	

 十는 21과 같이 十 전후에 숫자가 오면 경성으로 발음합니다. (ex.21 → èrshiyī)

 수사는 어떻게 사용할까요?

0 零

읽을 때 다음의 사용법을 주의하세요.

사용법1	중간에 0이 한번 이상 들어간 경우 零은 꼭 한번만 읽어 준다.	108 → 一百零八 yìbǎi líng bā 1008 → 一千零八 yìqiān líng bā
사용법2	끝부분에 0이 있을 경우 0 바로 앞 단위를 생략하여 읽을 수 있다.	1300 → 一千三 또는 一千三百 yìqiān sān yìqiān sānbǎi 2500 → 两千五(百) liǎngqiān wǔ(bǎi)
사용법3	0이 앞뒤로 있을 경우 뒤에 있는 0 앞에 마지막 단위는 반드시 읽어준다	4060 → 四千零六十 sìqiān líng liùshí 4006 → 四千零六 sìqiān líng liù
사용법4	4자리 단위로 나누어 적용한다.	2500 6009 = 2500 6009 → 两千五百万 六千零九 liǎngqiān wǔbǎi wàn liùqiān líng jiǔ

1 一

세 자리 이상의 수에서 十, 百, 千 이상의 단위에 1이 쓰이면 한국어와는 달리 반드시 一는 넣어 말합니다. 두 자리 단위의 수에 있어 十 단위의 一는 생략할 수 있습니다.

> 17 → 十七 shíqī
> 117 → 一百一十七 yìbǎi yīshíqī
> 100, 1000 → 百, 千 (X)
>   一百 yìbǎi, 一千 yìqiān (O)
> 4114 → 四千一百一十四 sìqiān yībǎi yīshísì

一 yī 의 성조 및 발음 변화
원래 성조는 yī이지만 단독으로 쓰이거나, 숫자의 마지막 단위에 위치할 때를 제외하면 일반적으로 성조가 변합니다.

※ 一 yī의 성조 및 발음 변화

1성	숫자 중 마지막 자리에 있을 때	十一 shíyī
2성	뒤에 성조가 4성인 글자가 올 때	一半 yíbàn 一下 yíxià
4성	뒤에 성조가 1, 2, 3성이 올 때	一般 yìbān 一时 yìshí 一起 yìqǐ
발음 변화	전화번호, 방 번호 등을 말해줄 때 七와의 발음 혼동을 피하기 위해 yāo라고 발음하는 경우가 많다.	yāo 로 읽는 경우 ☎1731130 yāo qī sān yāo yāo sān líng

서수로 쓰이는 숫자 1은 성조가 변하지 않습니다.
일부 수사의 중첩 —— yīyī 하나하나의 ex. 一一给你说明。Yīyī gěi nǐ shuōmíng.

2 二과 两

2 块에서 2는 liǎng kuài로 읽히는데, 이처럼 èr과 liǎng을 구별해서 써야 하는 경우가 있습니다.

(1) 二만 사용하는 경우

① 양사 없이 홀로 쓰이거나, 마지막 자리의 수인 경우

2 二
222 二百二十二

(➜ 모두 가능하지만 중요한 것은 끝자리는 반드시 二로 써야 한다는 것입니다.)
또한 12, 20은 반드시 '十二, 二十'라고 읽습니다.

② 차례를 나타낼 경우

예문
- 第二届   二姐   二月
  dì èr jiè   èr jiě   èr yuè

③ 분수, 소수에서 쓰인 경우

예문
- 2/3 三分之二   0.2 零点二
  sān fēnzhī èr   líng diǎn èr

二两이라는 표현도 있던데요?

여기서 两은 2라는 뜻이 아니고 중국 전통 단위로 50g에 해당하며, 二两은 100g입니다. 참고로 수사와 관련된 속담 하나를 배워보겠습니다.
도토리 키 재기라는 뜻의 半斤八两이라는 말이 있습니다. 고대 언어에서 斤은 16两을 의미했습니다. 즉 半斤이나 八两이나 같은 뜻이 되는 것입니다. 얼마 되지 않는 재주나 조건 등을 가지고 서로 자랑하는 사람들을 볼 때 꼭 해주고 싶은 말!
半斤八两! Bàn jīn bā liǎng!

똑소리 나는 쉬운 중국어 어법

(2) 两을 사용하는 경우

'2 + 일반적인 양사(张, 个, 只, 本, 件 등의 양사)'의 형태로 쓰이는 경우

> 예문
> - 两张 名片 명함 두 장
>   liǎng zhāng míngpiàn
> - 两个 学生 학생 두 명
>   liǎng ge xuésheng

(3) 二과 两은 혼용할 수 있으나 상황에 따라서는 의미가 다릅니다.

> 예문
> - 二次 大战 (세계) 2차 대전
>   èr cì dàzhàn
> - 两次 大战 두 차례의 큰 전쟁
>   liǎng cì dàzhàn

위 부분에서 二은 차례의 개념, 两은 수량적인 개념입니다.

소수, 분수, 백분율, 배수

(1) 소수 – 중간점은 点이라고 읽습니다.

> 예문
> - 0.3 零点三
>   líng diǎn sān
>
> - 0.31 零点三一
>   líng diǎn sān yī

(2) 분수 – 분모分之분자 순으로 읽습니다.

> 예문
> - 2/3 三分之二
>   sān fēnzhī èr
>
> - 5⅔의 형태는 又를 이용합니다.
>   五又三分之二
>   wǔ yòu sān fēnzhī èr

(3) 백분율 – 百分之 + 해당숫자

> 예문
> - 55% 百分之五十五
>   bǎi fēnzhī wǔshíwǔ
>
> (→ 五十五个百分点 이라고 말하기도 합니다.)
>   wǔshíwǔ ge bǎifēndiǎn

9장 수사를 이용하는 문장　93

(4) 배수 - 숫자 + 倍

수량의 증가를 나타내는 표현은 혼동을 일으키지 않도록 주의해야 합니다.

예문 ▶
- 12是4的三倍。 12는 4의 3배이다.
  Shí'èr shì sì de sān bèi.

- 12比4大两倍。 12는 4보다 2배만큼 더 크다.
  Shí'èr bǐ sì dà liǎng bèi.

이 두 문장은 같은 뜻입니다.

예문 ▶
- 今年大麦产量增加到去年的5倍。
  Jīnnián dàmài chǎnliàng zēngjiā dào qùnián de wǔ bèi.
  금년 보리 생산량은 작년의 5배이다.

- 和去年相比，今年大麦产量增加了4倍。
  Hé qùnián xiāngbǐ, jīnnián dàmài chǎnliàng zēngjiā le sì bèi.
  금년 보리 생산량은 작년보다 4배 더 증가했다

增加到5倍 (원래 있던 것 포함) = 增加了4倍 (원래 있던 것 불포함)
배수를 사용할 때는 감소를 나타내는 단어와 함께 써서는 안됩니다.

人口出生率却减少了一倍。(×) 인구 출산율은 오히려 1배 감소했다.

여기서 减少는 감소를 뜻하는 단어이므로 배수 一倍를 쓸 수 없으며 一倍를 一半으로 바꾸어야 합니다.

대략적인 수

(1) 多와 来 - 수사나 양사 뒤에 붙여 그 수량보다 많거나 적음을 표시합니다.

① 두 자리 수 이상의 숫자는 반드시 끝자리가 0으로 끝나야 합니다.

예문 ▶
- 十多克米粉   10여 그램의 쌀가루
  shí duō kè mǐfěn

- 十克多米粉   10그램 남짓의 쌀가루
  shí kè duō mǐfěn

- 三十多个   30여 개
  sānshí duō ge

- 三十五来个 (×) (끝자리가 0으로 끝나지 않았으므로 틀린 표현임)

② 多(来)는 위치에 따라 의미가 달라집니다.

예문
- 弟弟游了十多(来)米的距离。 남동생은 10여 미터를 수영했다.
  Dìdi yóule shí duō (lái) mǐ de jùlí.

- 弟弟游了十米多的距离。
  Dìdi yóule shí mǐ duō de jùlí.
  남동생은 10미터 남짓한 거리를 수영했다.

☞ 十多(来)米는 12,13 미터 정도를 가리킵니다.
   十米多(来)는 10미터 남짓, 11미터에는 이르지 못함을 가리킵니다.

③ 일의 자리 숫자를 나타낼 때 쓰입니다.

숫자 + 양사 + 多(来)

예문
- 三米多(来)长   3m 남짓한 길이
  sān mǐ duō (lái) cháng

- 四公斤多(来)重   4kg 남짓한 무게
  sì gōngjīn duō (lái) zhòng

(2) 左右와 前后 - 가량, 정도

① 左右는 시간사 뒤에 놓입니다.

예문
- 五十岁左右   50세 전후
  wǔshí suì zuǒyòu

- 三个月左右   3개월 가량
  sān ge yuè zuǒyòu

② 前后는 특정한 시간 뒤에 사용합니다.

예문
- 春节前后 설 전후 (→ 이 경우처럼 특정한 날을 나타내는 명사 뒤에는 일반 적으로 左右를 사용하지 않습니다.)

- 五点前后 (○) 5시 전후 (→ 이 경우 五点左右 wǔ diǎn zuǒyòu 로
  wǔ diǎn qiánhòu   바꾸어 사용가능)

- 五号前后 (○) 5일 전후 (→ 특정한 5일의 전후이므로 사용가능)
  wǔ hào qiánhòu

- 五天前后 (×) (→ 5일 전후라는 시간의 양이므로 사용불가)

※ 5号 와 5天
자주 헷갈리는 표현으로, 모두 5일이라고 번역하지만 의미는 다릅니다. 5号는 5일이라는 날짜 자체를 말하고 5天은 5일간이라는 기간을 나타냅니다.

서수 - 차례를 나타낼 때

(1) 일반적으로 앞에 第를 붙여 표현

- 第一天 dì yī tiān 첫째 날
- 第二天 dì èr tiān 둘째 날
- 第一名 dì yī míng 일등

(2) 날짜, 년도, 급수 등은 그대로 사용가능

- 十一号 shíyī hào
- 十二号 shí'èr hào
- 一月 yī yuè
- 二月 èr yuè
- 一九七四年 yī jiǔ qī sì nián
- 二零零六年 èr líng líng liù nián
- 一级 yījí
- 二级 èrjí

 ※연도, 전화번호는 숫자를 하나하나 읽으세요.
2002年 → 二零零二年 èr líng líng èr nián
710 - 1732 → 七一零 - 一七三二 qī yī(yō) líng   yī(yō) qī sān èr

※전화번호 사이의 '-'은 말하지 않고 숫자만 연결해서 말합니다. '-'의 표현이 필요한 곳에서는 杠 gàng이라고 말하면 됩니다.

※ 여러 가지 재미있는 표현들

(1) 덧셈   2 + 3 = 5   二加三等于五 èr jiā sān děngyú wǔ
(2) 뺄셈   3 - 2 = 1   三减二等于一 sān jiǎn èr děngyú yī
(3) 곱셈   3 × 2 = 6   三乘二等于六 sān chéng èr děngyú liù
(4) 나눗셈   4 ÷ 2   四除以二等于二 sì chúyǐ èr děngyú èr
(5) 구구단   2 × 1   二一得二 èr yī dé èr
           2 × 2   二二得四 èr èr dé sì
           2 × 3   二三得六 èr sān dé liù

답이 2자리일 때는 박자를 맞추기 위해 得 dé 생략

4 × 6 = 24   四六二十四 sì liù èr shí sì

※ 숫자를 이용한 관용 표현

五花八门 wǔhuā bāmén 천태만상   十全十美 shíquán shíměi 완벽하다
百发百中 bǎifā bǎizhòng 백발백중   一诺千金 yínuò qiānjīn 허락하다
七上八下 qīshàng bāxià 두근거리다   八九不离十 bājiǔ bùlí shí 십중팔구
朝三暮四 zhāosān mùsì 변덕스럽다
四面楚歌 sìmiàn chǔgē 사면초가, 포위된 상황
九牛一毛 jiǔniú yìmáo 매우 많은 것 중 아주 작은 부분
不管三七二十一 bùguǎn sānqī èrshíyī 이유불문하고, 앞뒤를 가리지 않고

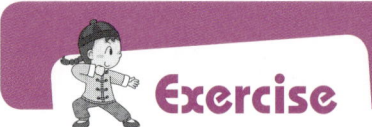

Exercise

수사와 겨루기

문제 01 다음 문장에서 틀린 곳을 찾아 바르게 고치세요.

(1) 4060 = 四千零六

→ _____

(2) 222 = 两百两十两

→ _____

(3) 人口出生率却减少了一倍。

→ _____

(4) 三十五来个

→ _____

문제 02 A, B, C, D 중 주어진 단어가 들어갈 적당한 위치를 고르세요.

(1) 他买 Ⓐ 了 Ⓑ 三十 Ⓒ 个 Ⓓ 苹果。(多)

문제 03 괄호 속에 들어갈 알맞은 글자를 쓰세요.

(1) 0.2 = 零(　　　　)二

(2) 5⅓ = 五(　　　　)三分之一

10장 양사를 이용하는 문장

양사(量词 liàngcí)란?

사물의 개수를 세거나 동작의 횟수, 지속된 시간 등을 나타내는 말입니다.
크게 명량사, 수량사, 시량사로 구분할 수 있습니다.

사물의 개수를 세거나 동작의 횟수, 지속된 시간 등을 나타내는 말입니다.

명량사

명사의 개수를 세는 양사를 말합니다.

예문
- 一张照片 사진 한 장
  yì zhāng zhàopiàn

- 三个人 세 사람
  sān ge rén

(1) 자주 사용되는 양사

양사	관련 단어의 뜻	쓰임	양사	관련 단어의 뜻	쓰임
个	개 / 사람 / 명	一个人 四个朋友	句	속담 / 문장 / 말	一句话
位	분	你们两位先生 一位大夫	节	교시 / 마디	第一节课
口	사람 / 식구	三口人	届	회 / 대회	第五届奥运会
件	벌, 건	这件事 五件衣服	块	괴 / 덩어리	一块石头 一块手表
只	마리	两只老虎 两只手	首	수	这首歌儿 一首诗
支	자루	一支铅笔	辆	대	一辆自行车
本	권	四本书 一本词典	台	대	一台彩电 一台电话
把	자루, 개	一把椅子	枚	메달	六枚金牌
条	줄기	一条河 一条裤子	听	캔	两听可乐

예문 ▶
- 给我一**条**裤子吧!
  Gěi wǒ yì tiáo kùzi ba!
  내게 바지 한 벌 줘요!

- 这**朵**花多么漂亮!
  Zhè duǒ huā duōme piàoliang!
  이 꽃은 얼마나 아름다운가!

- 这次奥运会韩国取得了10**枚**金牌。
  Zhè cì Àoyùnhuì Hánguó qǔdé le shí méi jīnpái.
  이번 올림픽에서 한국은 10개의 금메달을 땄다.

(2) 집합을 나타내는 양사

양사	관련 단어의 뜻	쓰임	양사	관련 단어의 뜻	쓰임
双	쌍 (모양과 성질이 동일)	一双袜子	批	무리 (사람들의 무리)	一批学生
对	쌍 (성별을 구별할 수 있는 것)	一对夫妻	打	타스 (12개)	一打铅笔
副	쌍 (위치적으로 떨어짐)	一副耳环 一副对联	套	세트 (여러 가지의 묶음)	一套邮票

예문 ▶
- 他买了一**套**邮票。
  Tā mǎile yí tào yóupiào.
  그는 우표 한 세트를 샀다.

- 这**双**袜子很适合我。
  Zhè shuāng wàzi hěn shìhé wǒ.
  이 (한 켤레의) 양말은 나에게 잘 맞는다.

- 那**对**夫妻好像外国人。
  Nà duì fūqī hǎoxiàng wàiguórén.
  그 부부는 마치 외국인 같다.

(3) 명량사의 중첩

중첩된 명량사는 모두, 매번이라는 의미를 가지며, 예외가 없음을 나타냅니다. 절대 목적어로는 쓰일 수 없습니다.

예문 ▶
- **张张**都是在北京拍的照片。
  Zhāng zhang dōu shì zài Běijīng pāi de zhàopiàn.
  한 장 한 장 모두 베이징에서 찍은 사진입니다.

동량사

동작의 횟수를 나타내는 말로 동사 뒤에 씁니다.

(1) 자주 사용하는 동량사

동량사	의미
遍 biàn	차례, 번 (처음부터 끝까지 전 과정이 줄기차게 이어짐을 나타냄)
次 cì	차례, 번 (반복해서 나타나는 동작의 횟수를 나타냄)
趟 tàng	차례, 번 (왕래의 횟수를 나타냄)
回 huí	차례, 번 (次와 거의 의미가 같음)
下 xià	번, 회 (구체적인 동작의 횟수나 어떤 동작을 시도해 봄을 나타냄)
顿 dùn	끼니, 바탕 (식사 혹은 질책 등의 횟수를 나타냄)

예문
- 我给大家介绍一下儿。 제가 여러분께 소개 한 번 하죠.
  Wǒ gěi dàjiā jièshao yíxiàr.

- 那部电影我看了两遍。 그 영화를 나는 두 번 보았습니다.
  Nà bù diànyǐng wǒ kànle liǎng biàn.

- 我去过中国三次。
  Wǒ qùguo zhōngguó sān cì.
  나는 중국에 세 번 가봤다.

(2) 목적어를 수반할 때 동량사의 위치

① 일반적인 위치

동사 + 동량사 + 목적어

예문
- 我读过两遍第三课的课文。 나는 제3과 본문을 두 번이나 읽었다.
  Wǒ dúguo liǎng biàn dì sān kè de kèwén.

- 他答应过三次替我问他们好。
  Tā dāying guo sān cì tì wǒ wèn tāmen hǎo.
  그는 나를 대신해 그들에게 안부를 전하겠다고 세 번이나 대답했다.

- 总经理提了几次这件事儿。 사장님은 이 일을 몇 번이나 언급하셨어.
  Zǒngjīnglǐ tíle jǐ cì zhè jiàn shìr.

② 목적어가 대사일 경우의 위치

동사 + 목적어(대사) + 동량사

예문
- 我去过那里四次。 나는 거기에 네 번 가봤어.
  Wǒ qùguo nàli sì cì.

- 我问过他三次。 나는 그에게 세 번이나 물어봤어.
  Wǒ wènguo tā sān cì.

- 他来过这儿许多次。
  Tā láiguo zhèr xǔduō cì.
  그는 이곳에 여러 차례 와봤다.

③ 목적어가 고유명사일 경우 동량사의 위치는 자유롭습니다.

예문
- 他去过长白山一次。= 他去过一次长白山。
  Tā qùguo Chángbái Shān yí cì. = Tā qùguo yí cì Chángbái Shān.
  그는 백두산에 한 번 가보았다.

- 他来过首尔三次。= 他来过三次首尔。
  Tā láiguo Shǒu'ěr sān cì. = Tā láiguo sān cì Shǒu'ěr.
  그는 서울에 세 번 와봤다.

- 王老师推荐了王明三次。
  Wáng lǎoshī tuījiàn le Wáng Míng sān cì.
  = 王老师推荐了三次王明。
  　Wáng lǎoshī tuījiàn le sān cì Wáng Míng.
  　왕 선생님은 왕명을 세 번이나 추천하셨다.

(3) 동량사의 중첩

중첩된 동량사는 문맥에 따라 뜻이 약간씩 달라집니다.

예문
- 他次次都骑自行车来。
  Tā cìcì dōu qí zìxíngchē lái.
  그는 매번 자전거를 타고 와.

- 天气突变，刮起了阵阵狂风。
  Tiānqì tūbiàn, guā qǐle zhènzhèn kuángfēng.
  날씨가 돌연 변하더니, 이따금 광풍이 불었다.

시량사

시간의 지속을 나타내는 양사를 말합니다.

(1) 자주 사용하는 시량사 - 연, 월, 일, 시 (年, 月, 日, 小时)

단위	종류
시	三秒钟　一分钟　一刻钟　一个小时　三个小时
일	半天　一天　整天　三天　一个星期　两周
월	半个月　一个月　三个月
년	一年　十年　许多年
기타	一会儿

예문
- 他休息了<u>一个小时</u>。 그는 한 시간 동안 휴식을 취했다.
  Tā xiūxi le yí ge xiǎoshí.

- 他说了<u>半天</u>。 그는 한참 동안 말했다.
  Tā shuōle bàntiān.

- 请你等<u>一会儿</u>吧。 잠시만 기다려주세요.
  Qǐng nǐ děng yíhuìr ba.

TIP 天, 周, 年 등은 그 자체에 양사적 성질을 가지고 있으므로 个를 붙이지 않음에 유의할 것!
一个年 (×) → 一年 (○)

(2) 목적어가 있을 때 시량사의 위치

① 동사 + 목적어 + 동사 + 시량사

예문
- 李老师讲话讲了<u>三个小时</u>。 이 선생님은 세 시간 동안 말했다.
  Lǐ lǎoshī jiǎng huà jiǎngle sān ge xiǎoshí

- 他拍电影拍了<u>一个月</u>。
  Tā pāi diànyǐng pāile yí ge yuè.
  그는 한 달 동안 영화를 찍었다.

- 她打乒乓球打了<u>一整天</u>。
  Tā dǎ pīngpāngqiú dǎle yì zhěngtiān.
  그녀는 하루 종일 탁구를 쳤다.

② 동사 + 시량사(的) + 목적어

- 他从事了**十年**的新闻工作。 그는 십 년 동안 신문 업계에 종사했다.
  Tā cóngshì le shí nián de xīnwén gōngzuò.

- 他写了**五个小时**的信。 그는 5시간 동안 편지를 썼다.
  Tā xiěle wǔ ge xiǎoshí de xìn.

- 小赵请了**五天**的假。 조 군은 5일간의 휴가를 신청했다.
  Xiǎo Zhào qǐngle wǔ tiān de jià.

길이

| 毫米 mm | 厘米 cm | 公分 cm | 米 m | 里 500m | 公里 1000m |
| háomǐ | límǐ | gōngfēn | mǐ | lǐ | gōnglǐ |

무게

| 克 kè g | 两 liǎng 50g | 斤 jīn 500g | 公斤 gōngjīn 1kg |

면적

平方米 píngfāngmǐ 평방미터

체적

公升 gōngshēng 리터

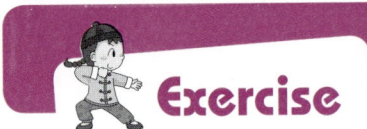

양사와 겨루기

문제 01 다음 문장에서 틀린 곳을 찾아 바르게 고치세요.

(1) 我问过三次他。

→ _____

(2) 那儿有一只词典。

→ _____

(3) 那部电影我看了两趟。

→ _____

(4) 李老师讲话三个小时讲了。

→ _____

문제 02 A, B, C, D 중 주어진 단어가 들어갈 적당한 위치를 고르세요.

(1) 他 ⓐ 休息了 ⓑ 一 ⓒ 小时 ⓓ 。(个)

문제 03 괄호 속에 들어갈 알맞은 글자를 쓰세요.

(1) 我昨天买了三(　　　　)衣服。

(2) 我给大家介绍一(　　　　)。

11장 전치사를 이용하는 문장

전치사란?

개사(介词 jiècí)라고도 하며 동사 앞에서 명사·대사·고유명사 등과 결합하여 방향·장소·시간·원인·대상 등을 나타내는 말입니다.

전치사   기본형식   전치사 + 명사류

전치사란?

개사(介词)라고도 하며 동사 앞에서 명사·대사·고유명사 등과 결합하여 방향·장소·시간·원인·대상 등을 나타내는 것을 말합니다.

> 전치사 + 명사류

예문
- 他**在**美国长大。 그는 미국에서 성장했다. (장소)
  Tā zài Měiguó zhǎngdà.

- 他**给**我帮助。 그는 나에게 도움을 주었다. (대상)
  Tā gěi wǒ bāngzhù.

전치사는 어떤 종류가 있나요?

> 장소와 방향 표현

| 在 | 从 | 到 | 离 | 往 | 向 | 朝 |

(1) 在는 ~에서, ~에로 해석하며 시간이나 장소 등을 나타냅니다.

예문
- 我弟弟**在**日本留学。 내 남동생은 일본에서 유학하고 있어.
  Wǒ dìdi zài Rìběn liúxué.

- 飞机**在**今天晚上8点起飞。
  Fēijī zài jīntiān wǎnshang bā diǎn qǐfēi.
  비행기는 오늘 밤 8시에 이륙할 것이다.

(2) 从은 ~로부터로 해석하며 시간이나 장소의 시작점을 나타냅니다.

예문
- 你是**从**哪儿来？ 너는 어디에서 왔니?
  Nǐ shì cóng nǎr lái?

- 表演**从**什么时候开始？
  Biǎoyǎn cóng shénme shíhou kāishǐ?
  공연은 언제부터 시작하나요?

(3) 到는 ~까지로 해석하며 시간이나 장소의 도착점을 나타냅니다.

예문
- 考试**到**下午5点结束了。 시험은 오후 5시가 되어서 끝났다.
  Kǎoshì dào xiàwǔ wǔ diǎn jiéshù le.

- 从这儿**到**那儿有多少米? 여기서부터 거기까지 몇 미터나 될까?
  Cóng zhèr dào nàr yǒu duōshao mǐ?

(4) 离는 ~로부터로 해석하며 시간이나 장소의 시작점을 나타내고 일반적으로 시간이나 거리의 길이를 나타내는 서술어를 동반합니다.

예문
- 图书馆**离**这儿不太远。 도서관은 여기에서부터 그다지 멀지 않다.
  Túshūguǎn lí zhèr bú tài yuǎn.

- **离**起飞时间还剩下三个小时。
  Lí qǐfēi shíjiān hái shèngxià sān ge xiǎoshí.
  비행기 이륙 시간까지는 아직도 세 시간이나 남았다.

※ 从과 离

从은 출발점이나 출발 시간을 표현하며, 离는 공간이나 시간의 간격 격차를 나타냅니다. 따라서 离는 近(가깝다), 远(멀다) 등과 잘 어울려 사용됩니다.

(从)   (离)

(5) 往, 向, 朝는 ~를 향하여로 해석되며 세 가지 모두 방향을 나타내지만 쓰임에 있어 다소 차이가 있습니다.

예문
- 一直**往**前走。 앞으로 곧장 가세요.
  Yìzhí wǎng qián zǒu.

- 到了十字路口再**向**右拐。 사거리에 도착하면 다시 오른쪽으로 도세요.
  Dàole shízilùkǒu zài xiàng yòu guǎi.

- 我朝她眨眼睛。
  Wǒ cháo tā zhǎ yǎnjing.
  나는 그녀를 향해 윙크를 했다.

※往, 向, 朝의 차이점

往 – 주로 이동 상황을 나타내며, 뒤에 장소나 방향을 나타내는 말이 옵니다.

向 – 주로 사람의 신체동작이나 자세를 나타내며 추상적인 상황에도 사용할 수 있습니다.

예문
- 向未来走去。미래를 향해 나아가다.
  Xiàng wèilái zǒu qù.

  往未来走去。(×)

- 有一个警察向我打手势。경찰관 한 명이 나를 향해 손짓했다.
  Yǒu yí ge jǐngchá xiàng wǒ dǎ shǒushì.

朝 – 정확한 방향만 제시되고, 이동되지 않은 경우에는 정적인 곳에 주로 사용하여 단순히 ~쪽으로라는 의미를 나타냅니다.

예문
- 我住的公寓的窗户朝南开。
  Wǒ zhù de gōngyù de chuānghu cháo nán kāi.
  내가 사는 아파트 창문은 남쪽으로 열려 있다.

- 他走进门来，朝我点了一下头。
  Tā zǒujìn mén lái, cháo wǒ diǎnle yíxià tóu.
  그는 문을 들어서며 내게 목례를 하였다.

(往)

(朝)

대상 표현

| 对 | 和 | 跟 | 给 |

(1) 对는 ~에 대하여라고 해석하며 동작의 대상을 이끌어 냅니다.

예문
- 他对我很客气。 그는 나에게 매우 깍듯하게 행동한다.
  Tā duì wǒ hěn kèqi.

- 历史老师对韩中关系很感兴趣。
  Lìshǐ lǎoshī duì Hán Zhōng guānxi hěn gǎn xìngqù.
  역사 선생님은 한중관계에 대해 흥미가 많다.

※ 对와 对于의 비교
① 동작의 대상을 나타내는 경우 对와 对于를 바꾸어 쓸 수 있습니다.
② 동작의 방향을 나타내는 경우 对만 사용 가능합니다.

예문
- 这种事不要对别人讲。 이 일은 다른 사람에게는 말하지 마라.
  Zhè zhǒng shì búyào duì biérén jiǎng.

③ 对于는 사람을 나타내는 명사나 대사만으로 이루어진 목적어 앞에서는 쓸 수 없습니다. 만약 쓰려면 복잡한 수식성분을 가져야 하며, 문장의 맨 앞에 와야 합니다.

예문
- 对于不尊重别人的人，他很不客气。
  Duìyú bù zūnzhòng biérén de rén, tā hěn bú kèqi.
  다른 사람을 존중하지 않는 사람에 대해, 그는 예의를 갖추지 않습니다.

④ 对는 조동사나 부사 뒤에 쓰일 수 있으나, 对于는 쓸 수 없습니다.

예문
- 外国留学生都对中国的文化感兴趣。
  Wàiguó liúxuésheng dōu duì Zhōngguó de wénhuà gǎn xìngqù.
  외국 유학생들은 모두 중국문화에 흥미를 느낍니다.

(2) 和는 ~와, ~과라고 해석하며 跟과 바꿔 쓸 수도 있습니다.

예문
- 我打算和他们一起爬山。 나는 그들과 함께 등산하려고 한다.
  Wǒ dǎsuan hé tāmen yìqǐ pá shān.

- 我想和姐姐一起吃饭。 나는 누나와 함께 식사하고자 한다.
  Wǒ xiǎng hé jiějie yìqǐ chī fàn.

(3) 跟은 ~에게, ~를 따라서라고 해석하며 동작의 대상을 이끌어 냅니다.

예문
- 我想跟老师商量上大学的问题。
  Wǒ xiǎng gēn lǎoshī shāngliang shàng dàxué de wèntí.
  나는 선생님과 대학진학 문제를 상의하려 한다.

- 请跟我念。 나를 따라 읽으세요.
  Qǐng gēn wǒ niàn.

(4) 给는 ~에게라고 해석하며 동작의 대상을 이끌어 냅니다.

예문
- 我正在给妈妈写信。
  Wǒ zhèngzài gěi māma xiě xìn.
  나는 엄마에게 편지를 쓰는 중이야.

- 请你给我们介绍一下儿。
  Qǐng nǐ gěi wǒmen jièshao yíxiàr.
  우리에게 소개 좀 해주세요.

원인 및 목적 표현

为　　为了

为, 为了는 ~를 위하여라고 해석하며 목적을 나타냅니다.

예문
- 我为了父母用功读书。
  Wǒ wèile fùmǔ yònggōng dú shū.
  나는 부모님을 위해 열심히 공부한다.

为了는 뒤에 오는 단어 뿐만 아니라 문장까지도 목적으로 취할 수 있습니다.

예문
- 为了邀请杂技团，他们尽了最大努力。
  Wèile yāoqǐng zájìtuán, tāmen jìnle zuìdà nǔlì.
  서커스단을 초청하기 위해, 그들은 최선의 노력을 다했다.

- 为了看日出，我常常早起。
  Wèile kàn rìchū, wǒ chángcháng zǎoqǐ.
  일출을 보기 위해서, 나는 늘 일찍 일어난다.

방식 표현

用　按照

(1) 用은 ~을 이용하여라고 해석한다.

예문
- 我想用电脑打字。
  Wǒ xiǎng yòng diànnǎo dǎ zì.
  나는 컴퓨터를 이용해 글자를 치고 싶다.

- 我可以用你的自行车上班吗?
  Wǒ kěyǐ yòng nǐ de zìxíngchē shàng bān ma?
  내가 너의 자전거로 출근해도 되겠니?

(2) 按照는 ~에 근거하여라고 해석한다.

예문
- 请按照顺序排队。
  Qǐng ànzhào shùnxù pái duì.
  순서대로 줄을 서주세요.

- 不管下多大雨，毕业典礼按照预定的计划进行。
  Bùguǎn xià duō dàyǔ, bìyè diǎnlǐ ànzhào yùdìng de jìhuà jìnxíng.
  비가 얼마나 오건, 졸업식은 예정대로 진행된다.

제외 표현

除了……以外

(1) 除了……以外는 이외에도, ~을 제외하고는이라 해석합니다.

예문
- 除了数学以外，别的科目都得了满分。
  Chúle shùxué yǐwài, biéde kēmù dōu déle mǎnfēn.
  수학 외에 다른 과목은 모두 100점을 받았다.

- 除了足球以外，他还喜欢篮球和乒乓球。
  Chúle zúqiú yǐwài, tā hái xǐhuan lánqiú hé pīngpāngqiú.
  축구 외에 그는 농구와 탁구도 좋아한다.

(2) 除了A以外……都와 除了A以外……还(也)는 다음과 같은 차이가 있습니다.

① 除了A以外……都는 A를 제외한, 나머지는 모두 다 해당한다는 뜻입니다.

예문 • 除了铅笔以外其他学习工具他都带来了。
Chúle qiānbǐ yǐwài qítā xuéxí gōngjù tā dōu dàilai le.
연필을 제외하고 그는 모든 학습도구를 가져왔다.

② 除了A以外……还(也)는 A를 포함하여 다른 것도 추가된다는 뜻입니다.

예문 • 除了100m自由泳以外，韩国队在200m蝶泳中也创造了新的世界记录。
Chúle yìbǎi mǐ zìyóuyǒng yǐwài, Hánguó duì zài liǎngbǎi mǐ diéyǒng zhōng yě chuàngzào le xīn de shìjiè jìlù.
한국팀은 자유영 100m 외에 접영 200m에서도 세계 신기록을 세웠다.

给　在

(1) 给는 ~에게 주다, ~에게라는 뜻으로 해석합니다.

예문 • 请给我一条蓝色的裤子。
Qǐng gěi wǒ yì tiáo lánsè de kùzi.
제게 파란색 바지 한 벌만 주세요. (동사)

• 妈妈给我打了一件毛衣。
Māma gěi wǒ dǎle yí jiàn máoyī.
엄마는 나에게 스웨터를 한 벌 떠주셨다. (전치사)

 다른 동사 없이 给가 혼자 쓰이면 동사입니다.

(2) 在는 ~에 있다, ~에서라는 뜻으로 해석합니다.

예문
- 他在图书馆。
  Tā zài túshūguǎn.
  그는 도서관에 있다. (동사)

- 他在图书馆看书。
  Tā zài túshūguǎn kàn shū.
  그는 도서관에서 책을 본다. (전치사)

 다른 동사 없이 在가 혼자 쓰이면 동사입니다.

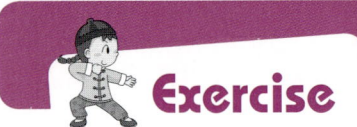

전치사와 겨루기

문제 01 다음 문장에서 틀린 곳을 찾아 바르게 고치세요.

(1) 图书馆往这儿不太远。

→ _____

(2) 他对于我很客气。

→ _____

문제 02 A, B, C, D 중 주어진 단어가 들어갈 적당한 위치를 고르세요.

(1) 他 Ⓐ 图书馆 Ⓑ 看 Ⓒ 书 Ⓓ 。(在)

문제 03 괄호 속에 들어갈 알맞은 글자를 쓰세요.

(1) 我的弟弟(　　　　　)日本留学。

(2) 我想(　　　　　)老师商量上大学的问题。

(3) (　　　　　)足球以外, 他还喜欢篮球和乒乓球。

12장 의문문

의문문(疑问句 yíwènjù)은 크게 6가지의 형태로 나누어집니다.

의문문

- **기본형식 1** 평서문 + 吗?

- **기본형식 2** A + 还是 + B?

- **기본형식 3** 서술어 + 不(没) + 서술어?

- **기본형식 4** 의문사 사용

- **기본형식 5** 多 + 형용사?

- **기본형식 6** ~ 呢?

의문문(疑问句)은 크게 6가지의 형태로 나누어집니다.

평서문 + 吗?

평서문 끝에 吗를 붙이고 문장 끝을 가볍게 올려줍니다.

- 你是学生。 → 你是学生吗? 너는 학생이니?
  Nǐ shì xuésheng ma?

- 你做作业了。 → 你做作业了吗? 숙제는 했니?
  Nǐ zuò zuòyè le ma?

- 骑过自行车。 → 骑过自行车吗? 자전거 타본 적 있니?
  Qíguo zìxíngchē ma?

- 他是你叔叔。 → 他是你叔叔吗? 그는 너의 삼촌이니?
  Tā shì nǐ shūshu ma?

> **TIP**
> 好吗, 行吗, 对吗, 可以吗 등을 사용하는 의문문
> → 상의나 부탁의 어감을 나타냅니다.
>
> 我们一起去旅行，好吗? 우리 함께 여행가요, 좋아요? (好 혹은 不行으로 대답한다.)
> Wǒmen yìqǐ qù lǚxíng, hǎo ma?
>
> 自行车借我用用，行吗? 자전거를 쓰려고 하는데 좀 빌려 주세요, 돼요? (行 혹은 不行으로 대답한다.)
> Zìxíngchē jiè wǒ yòngyong, xíng ma?

선택
의문문

A + 还是 + B?

A还是B 형식으로 쓰이며, 대답은 A나 B 중에서 하나를 선택해서 합니다.

예문
- 你喜欢足球还是喜欢棒球?
  Nǐ xǐhuan zúqiú háishi xǐhuan bàngqiú?
  너는 축구를 좋아하니 아니면 야구를 좋아하니?
  → 我喜欢足球。/ 我喜欢棒球。
    Wǒ xǐhuan zúqiú. / Wǒ xǐhuan bàngqiú.
    나는 축구를 좋아해. / 나는 야구를 좋아해.

- 我去好还是他去好?
  Wǒ qù hǎo háishi tā qù hǎo?
  내가 가는 게 좋을까 아니면 그가 가는 게 좋을까?
  → 我去好。/ 他去好。
    Wǒ qù hǎo. / Tā qù hǎo.
    내가 가는 게 좋겠어. / 그가 가는 게 좋겠어.

반복
의문문

(1) 일반적인 형태는 다음과 같이 긍정과 부정을 반복합니다. 따라서 긍정부정 의문문이라고도 합니다.

서술어 + 不(没) + 서술어 + 목적어?

예문
- 有没有意见? 의견이 있나요?
  Yǒu méiyǒu yìjiàn?

대답은 긍정이나 부정 한 부분만 선택하면 됩니다.

예문
- 你是不是律师? 당신은 변호사입니까?
  Nǐ shì bu shì lǜshī?
  → 我是律师。/ 我不是律师。
    Wǒ shì lǜshī. / Wǒ bú shì lǜshī.
    저는 변호사입니다. / 저는 변호사가 아닙니다.

(2) 시태조사 了, 过를 사용할 때

동사了 / 过 + 没有?
동사了 / 过 + 吗?

예문
- 你去了吗? → 你去了没有? 너는 갔었어 안 갔었어?
  Nǐ qùle méiyǒu?

- 你用过吗? → 你用过没有? 너는 사용해 보았니 아니니?
  Nǐ yòngguo méiyǒu?

 没有는 과거 외에 현재 진행에 대해서도 부정할 수 있습니다.

(3) 동사 뒤에 목적어가 있을 때

동사 + 不 + 동사 + 목적어?
동사 + 목적어 + 不 + 동사?

예문
- 这是不是地图? 이것은 지도입니까 아닙니까?
  Zhè shì bu shì dìtú?

- 这是地图不是? 이것은 지도입니까 아닙니까?
  Zhè shì dìtú bu shì?

(4) 서술어가 이음절일 경우 긍정부분의 두 번째 글자는 생략할 수 있습니다.

예문
- 在这里游泳, 可以不可以? 이곳에서 수영할 수 있습니까?
  Zài zhèli yóuyǒng, kěyǐ bu kěyǐ?
  ＝可不可以?
  kě bu kěyǐ?

- 你明白不明白我的心意? 너는 내 마음을 알겠니?
  Nǐ míngbai bu míngbai wǒ de xīnyì?
  ＝明不明白
  míng bu míngbai

- 我**应该不应该**走? 내가 가야 하니?
  Wǒ yīnggāi bu yīnggāi zǒu?
  ＝**应不应该**
  　yīng bu yīnggāi

(5) 주의사항

① 반복의문문의 서술어 앞에 **也, 都, 很** 등의 부사가 올 수 없습니다.

예문
- 你**也**同意不同意? (×)
- 你们**都**去不去医院? (×)
- 宋小姐**很**漂亮不漂亮? (×)

② 반복되는 서술어 뒤에서는 가능합니다.

예문
- 您是不是**也**跟我们一起去旅行?
  Nín shì bu shì yě gēn wǒmen yìqǐ qù lǚxíng?
  당신은 우리와 함께 여행갈 수 있나요?

의문사를 사용하는 의문문

묻고 싶은 부분에 의문대사를 바꿔 넣으면 됩니다.

(1) 무엇

什么

예문
- 这是**什么**? 이건 뭐야?
  Zhè shì shénme?

- 你叫**什么**名字? 넌 이름이 뭐니?
  Nǐ jiào shénme míngzi?

(2) 어떻게, 왜

为什么, 怎么

예문
- 你**为什么**还没报名? 너 왜 아직도 등록을 안했니?
  Nǐ wèishénme hái méi bàomíng?

- '谢谢'用韩语**怎么**说?
  'Xièxie' yòng Hányǔ zěnme shuō?
  '씨에씨에'라는 말은 한국어로 어떻게 말하니?

(3) 언제

什么时候

예문
- 火车**什么时候**出发? 기차는 언제 출발하니?
  Huǒchē shénme shíhou chūfā?

- 世界杯足球比赛**什么时候**开始?
  Shìjièbēi zúqiú bǐsài shénme shíhou kāishǐ?
  월드컵 축구 대회는 언제 시작하니?

(4) 어디서

哪儿   哪里   什么地方

예문
- 你去**哪儿**? 너 어디 가니?
  Nǐ qù nǎr?

- 你住(在)**哪里**? 너는 어디에 사니?
  Nǐ zhù (zài) nǎli?

- 这个资料在**什么地方**找到的? 이 자료는 어디에서 찾았니?
  Zhège zīliào zài shénme dìfang zhǎodào de?

(5) 누가

谁

예문
- 一班学生中成绩最好的是**谁**?
  Yī bān xuésheng zhōng chéngjì zuìhǎo de shì shéi?
  1반 학생 중 성적이 가장 좋은 학생은 누구니?

- 照片上**谁**是你妈妈?
  Zhàopiàn shang shéi shì nǐ māma?
  이 사진 중에서 누가 너의 엄마니?

(6) 기타 의문사

① **哪** + 양사
   哪는 어느라는 뜻으로 보통 **哪个**처럼 양사와 함께 어울려 쓰입니다.

예문
- 你要买**哪个**?
  Nǐ yào mǎi nǎ ge?
  너는 어느 것을 사려고 하니?

- **哪位**是美国人?
  Nǎ wèi shì Měiguórén?
  어느 분이 미국인입니까?

② **几**
   几는 몇이라는 뜻으로 보통 10 미만의 대답이 예상될 때 쓰입니다.

예문
- 你有**几**张信用卡?
  Nǐ yǒu jǐ zhāng xìnyòngkǎ?
  너는 몇 장의 신용카드가 있니?

- 他家有**几**口人?
  Tā jiā yǒu jǐ kǒu rén?
  그의 집에는 몇 명의 식구가 있나요?

③ **多少**
   多少는 얼마, 얼마나라는 뜻으로 보통 10 이상의 대답이 예상될 경우에 쓰이며, 수의 크기에 큰 영향을 받지 않습니다.

예문
- 这件衣服**多少**钱?
  Zhè jiàn yīfu duōshao qián?
  이 옷은 얼마입니까?

- 到底要等**多少**日子?
  Dàodǐ yào děng duōshao rìzi?
  도대체 며칠이나 기다려야 하나요?

多 + 형용사?

부사 多를 사용하여 정도나 수량을 묻는 의문문입니다.

- 他今年有多大年纪？ 그는 올해 몇 살이니?
  Tā jīnnián yǒu duō dà niánjì?

- 他的身高有多高？ 그의 키는 얼마나 크니?
  Tā de shēngāo yǒu duō gāo?

- 这儿到你家有多远？ 이곳에서부터 너희 집까지는 얼마나 머니?
  Zhèr dào nǐ jiā yǒu duō yuǎn?

- 称一称，你的体重有多重？
  Chēng yi chēng, nǐ de tǐzhòng yǒu duō zhòng?
  한번 재봐라, 네 몸무게가 얼마나 나가는지?

TIP 이 때 형용사는 보통 적극적인 의미(높다, 멀다, 무겁다 등)를 나타내는 것입니다. 그러므로 多短, 多低, 多薄 등은 사용하지 않습니다.

※ 多를 이용한 의문문 만들기

(1) 상대방이 한 질문과 동일한 질문을 할 때 쓰입니다.

 • A：您是哪国人？ 당신은 어느 나라 사람이에요?
　　　　　Nín shì nǎ guó rén?

　　　 • B：我是韩国人，您呢？ 저는 한국 사람이에요, 당신은요?
　　　　　Wǒ shì Hánguórén, nín ne?

(2) 특정한 상황에서 ~는요라는 뜻으로 쓰인다.

 • 妈妈呢？ 엄마는요? (밤늦게 귀가했는데 엄마가 보이지 않을 때)
　　　　Māma ne?

> ※ 의문대사를 사용하는 의문문 + 呢
> 의문대사는 묻고자 하는 의문 이외에도 추궁, 의아함, 곤혹스러움 등의 의미를 지니기도 합니다.
> • 去哪儿找他呢？ 어디에 가서 그를 찾나요?
> 　Qù nǎr zhǎo tā ne?
> • 她在什么地方呢？ 그녀는 어디에 있나요?
> 　Tā zài shéme dìfang ne?

평서문이라도 끝부분을 올려 말하면 의문을 나타낼 수 있습니다.

 • 用信用卡？ 신용카드로 계산할 거예요?
　　　　Yòng xìnyòngkǎ?

　　　 • 你答应？ 너 그러겠다고 했어?
　　　　Nǐ dāying?

> 문 : 의문사가 있을 때도 吗가 오는 경우가 있다구요?
> 답 : 네, 있습니다. 다만 의미상 약간의 차이가 있습니다.
>
> • 你有什么事？ 무슨 일이니? (구체적인 사건이나 원인을 물어보는 것)
> 　Nǐ yǒu shénme shì?
> • 你有什么事吗？ 무슨 일 있니?
> 　Nǐ yǒu shénme shì ma?
> 　(구체적 사건이 아니라 어떤 일 자체가 생겼는지 그 여부를 물어보는 것)

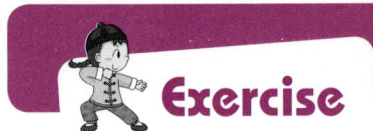

Exercise
의문문과 겨루기

문제 01   다음 문장에서 틀린 곳을 찾아 바르게 고치세요.

(1) 她也学不学汉语?

→

(2) 你要买不买这个MP3?

→

(3) 他是不是美国人吗?

→

(4) 你怎么了吗?

→

문제 02   A, B, C, D 중 주어진 단어가 들어갈 적당한 위치를 고르세요.

(1) 您 Ⓐ 是 Ⓑ 不是 Ⓒ 跟我们 Ⓓ 一起去旅行? (也)

(2) Ⓐ 从这儿 Ⓑ 到 Ⓒ 你家 Ⓓ 远呢? (多)

문제 03   괄호 속에 들어갈 알맞은 글자를 쓰세요.

(1) A: 您是哪国人?
    B: 我是韩国人, 您(　　　　)?

(2) 世界杯足球比赛(　　　　)时候开始?

(3) (　　　　)位是美国人?

13장 명령문과 감탄문

명령문이란(命令句 mìnglìngjù)?

상대방에게 일정한 행동을 권하거나 제지하는 문장으로 보통 문장 끝에 느낌표를 사용합니다.

감탄문(感叹句)이란?

이야기하는 사람의 감정을 표현하는 문장으로서 감탄, 찬양, 놀람, 분노 등을 표현합니다.

명령문

명령문(命令句)이란?

상대방에게 일정한 행동을 권하거나 제지하는 문장으로, 보통 문장 끝에 느낌표를 사용합니다.

명령문의 종류

일반적으로 행동을 권유하는 명령과, 제지하는 명령으로 나뉩니다.

(1) 행동을 권유하는 명령문

예문
- 坐下！ 앉아!
  Zuò xià!

- 你说！ 너 말해라!
  Nǐ shuō!

- 请进！ 들어오세요!
  Qǐng jìn!

- 快走吧！ 빨리 가자!
  Kuài zǒu ba!

 문장 앞에 请이나 문장 끝에 吧를 쓰면 보다 부드러운 권유의 뜻을 나타냅니다.
- 请跟我来。 저를 따라오세요.
  Qǐng gēn wǒ lái.
- 吃饭吧。 식사하시죠.
  Chīfàn ba.

(2) 행동을 제지하는 명령문

不要 / 别 / 不许 + 행동

예문
- 不要喝酒！ 술 마시지 마라!
  Búyào hē jiǔ!

- 别客气！ 사양하지 마세요!
  Bié kèqi!

- 不许说话！ 말하지 마라!
  Bùxǔ shuō huà!

別……了는 눈앞에서 벌어지는 것을 ~하지 마라고 제지하는 표현법입니다.

행동을 제지하는 문장의 끝에는 吧를 쓸 수 없습니다.
別抽烟。 담배 피지 마세요.
Bié chōuyān.
→ 別抽烟吧。(×)

감탄문

감탄문(感叹句)이란?

이야기하는 사람의 감정을 표현하는 문장으로서 감탄, 찬양, 놀람, 분노 등을 표현합니다.

多么 + 형용사 !
太 + 형용사 + 了 !

각각 얼마나 형용사 한가! 매우 형용사 하다라고 해석합니다.

예문
- 多么漂亮啊！ 얼마나 아름다운가!
  Duōme piàoliang a!

- 黄山的风景多么美呀！ 황산의 풍경은 얼마나 아름다운가!
  Huáng Shān de fēngjǐng duōme měi ya!

- 太好了！ 너무 좋다!
  Tài hǎo le!

- 太聪明了！ 너무 총명하다!
  Tài cōngming le!

명령문과 감탄문 따라잡기

문제 01　다음 문장에서 틀린 곳을 찾아 바르게 고치세요.

(1) 跟我请来。

→ _____

(2) 别抽烟吧。

→ _____

문제 02　A, B, C, D 중 주어진 단어가 들어갈 적당한 위치를 고르세요.

(1) ⓐ 黄山 ⓑ 的 ⓒ 风景 ⓓ 美呀！(多么)

(2) ⓐ 请 ⓑ 拿 ⓒ 啤酒 ⓓ 。(来)

문제 03　괄호 속에 들어갈 알맞은 글자를 쓰세요.

(1) (　　　　　)漂亮啊！

(2) 别客气。= (　　　　　)客气。

14장 조사를 이용하는 문장

조사(助词 zhùcí)란?

단어나 구의 뒤에 첨가되어 문법적 관계나 어조·동작 행위의 상태·비교 등을 나타내는 말입니다.

1) 구조조사 : 的 de, 地 de, 得 de 등
2) 동태조사 : 了 le, 着 zhe, 过 guo 등
3) 어기조사 : 了 le, 呢 ne, 的 de, 吗 ma, 吧 ba, 啊 a 등

단어나 구의 뒤에 첨가되어 앞부분의 문장 성분이 무엇인지를 밝혀 주거나, 동사 뒤에서 동작이 어떤 상태에 있는가를 알려 주거나 혹은 문장 끝에 쓰여 그 문장이 어떤 어감을 나타내 주는가를 알려줍니다.

(1) 구조조사 : 앞부분의 문장 성분을 알려줍니다. (的, 地, 得)

(2) 동태조사 : 동작이나 상황이 어떠한 상태에 있는가를 나타냅니다.
 (了, 着, 过)

(3) 어기조사 : 화자의 단정, 추정, 의문, 명령 등의 어감을 알려줍니다.
 (了, 呢, 的, 吗, 吧, 啊)

일반적인 조사는 단어나 구 또는 문장에 덧붙여 쓰이며, 단독으로 사용될 수 없습니다. 또한 단지 문법적인 의미만 나타낼 뿐, 실제적인 단어의 뜻을 가지지는 못하며 대부분 경성으로 읽습니다.

구조조사 : 的, 地, 得 등

(1) 的

① 명사를 수식하는 성분(관형어-定语)과 명사(중심어)를 연결하며, ~의로 번역합니다.

관형어 + 的

예문
- 姐姐的朋友听音乐。 언니의 친구는 음악을 들어.
  Jiějie de péngyou tīng yīnyuè.

- 这是他的手表。 이것은 그 사람의 시계야.
  Zhè shì tā de shǒubiǎo.

> 관형어가 길 경우 배열 순서 :
> 소유관계를 나타내는 명사나 대사 + 지시대사 + 수량구 + 수식관계를 나타내는 형용사나 명사
> 你 这 三 本 新 词典 …… 너의 이 세 권의 새 사전 ~
> Nǐ zhè sān běn xīn cídiǎn …

② 뜻을 이해하는데 지장이 없을 때는 중심어를 생략할 수 있습니다.

예문
- 我跟妹妹去买衣服了。我买了红的，妹妹买了白的。
  Wǒ gēn mèimei qù mǎi yīfu le. Wǒ mǎile hóng de, mèimei mǎile bái de.
  나는 여동생과 옷을 사러 갔어. 나는 빨간색을 사고, 여동생을 흰색을 샀어.
  (➜ 红的와 白的 뒤에 衣服가 생략되었음.)

- 写文章的   작가
  xiě wénzhāng de
  做买卖的   상인   (어떠한 직업에 종사하고 있음을 나타냄.)
  zuò mǎimài de

③ 명사와 명사 사이 특히 일반적인 성질 또는 재료의 관계를 나타내는 경우, 대명사 뒤에 놓이는 명사가 가족 또는 단위일 경우, 단음절 형용사 또는 이음절 형용사와 명사 사이에 놓이는 경우에는 的를 쓰지 않는다.

예문
- 中国的人 (×) ➞ 中国人 (○) 중국인
- 我的爸爸 (×) ➞ 我爸爸 (○) 나의 아버지
- 好的朋友 (×) ➞ 好朋友 (○) 좋은 친구

④ 단 명사 사이에 的가 쓰이는 경우도 있는데 이 때 的의 앞, 뒤 단어는 종속관계를 나타내어 누구의 것, 어느 것 등을 나타내며, 동사가 관형어가 될 때도 的가 쓰여 '동사 + 목적어'의 구조를 이루기도 한다.

예문
- 老师的书   선생님의 책
- 吃的东西   먹은 것

(2) 地는 동사 혹은 형용사 앞에 쓰여 부사어 역할을 합니다.

예문
- 他**很快地**改正了自己的错误。 그는 자신의 잘못을 재빨리 고쳤어.
  Tā hěn kuài de gǎizhèng le zìjǐ de cuòwù.

- 学生们**认真地**学习。 학생들이 열심히 공부한다.
  Xuéshengmen rènzhēn de xuéxí.

(3) 得는 동사나 형용사 뒤에 쓰여 정도보어를 이끕니다. 동사나 형용사 뒤에서 동작이나 사물의 성질이 도달한 정도를 보충 설명하는 성분을 정도보어라고 합니다. 이 정도보어와 중심어를 연결할 때 구조조사 得를 사용합니다.

예문
- 老师**说得**太快。 선생님은 말씀이 너무 빠르셔.
  Lǎoshī shuō de tài kuài.

- 他们**打扫得**干干净净。 그들은 청소를 아주 깨끗하게 했어.
  Tāmen dǎsǎo de gānganjìngjìng.

- 她**唱得**很好听。 그녀의 노래는 참 듣기 좋아.
  Tā chàng de hěn hǎotīng.

동태조사 了, 着, 过 등

(1) 了

① 了는 동사 뒤에 쓰여 동작의 완성을 표시합니다. 한 문장에 두 개 이상의 동사가 나올 경우 了는 맨 끝의 동사 뒤에 와야 합니다.

예문
- 他出去**叫了**一辆车来。 그는 나가서 차 한 대를 불렀다.
  Tā chūqu jiàole yí liàng chē lái.

- 他放下小说，**打开了**录音机。
  Tā fàngxià xiǎoshuō, dǎkāi le lùyīnjī.
  그는 소설책을 내려놓고 녹음기를 켰다.

- 我去图书馆**借了**一本书。 나는 도서관에 가서 책 한 권을 빌렸어.
  Wǒ qù túshūguǎn jièle yì běn shū.

② 了는 과거에만 쓰이는 것이 아니라 동작의 완성이나 실현을 표현하는 것이므로 미래의 어떤 시간에 완성될 동작에서 사용이 가능합니다.

예문
- 明天**下了**课，我去找你。 내일 수업 마치고 너를 찾아갈게.
  Míngtiān xiàle kè, wǒ qù zhǎo nǐ.

- 下星期爸爸来了，我就陪他去天安门。
  Xiàxīngqī bàba lái le, wǒ jiù péi tā qù Tiān'ānmén.
  다음 주에 아빠가 오시면 내가 모시고 천안문에 가야지.

- 吃了晚饭我打算出去一趟。 저녁을 먹고 나서 밖에 나갈 생각이야.
  Chīle wǎnfàn wǒ dǎsuan chūqu yí tàng.

③ 了를 부정할 때는 동사 앞에 没(有)를 쓰며, 동사 뒤에는 了를 쓰지 않습니다.

예문
- 上个月，我去了一趟北京。 지난 달에 나는 베이징에 한 번 갔었어.
  Shàng ge yuè, wǒ qùle yí tàng Běijīng.

- 上个月，我没去北京。 지난 달에 나는 베이징에 가지 않았어.
  Shàng ge yuè, wǒ méi qù Běijīng.
  上个月，我没去了北京。(×)

- A: 这届美术展览会很好，你看了吗?
  Zhè jiè měishù zhǎnlǎnhuì hěn hǎo, nǐ kànle ma?
  이번 미술전람회 아주 좋더라, 너 봤어?

  B: 没看。 아니.
  Méi kàn.
  没看了。(×)

④ 동태조사 了와 어기조사 了를 동시에 사용하는 문장은 완성과 변화를 함께 나타냅니다. 또한 현재까지 이미 지속된 시간이나 도달한 수량을 표시하기도 합니다.

동사 + 동태조사了 + 수량사(+ 명사) + 어기조사了

예문
- 你在这儿住了多长时间了? -- 我在这儿住了三年了。
  Nǐ zài zhèr zhùle duō cháng shíjiān le? Wǒ zài zhèr zhùle sān nián le.
  너는 여기서 얼마나 살았니? -- 나는 여기서 3년 살았어.

- 他买了多少套邮票了? -- 他买了十套邮票了。
  Tā mǎile duōshao tào yóupiào le? Tā mǎile shí tào yóupiào le.
  그는 우표를 몇 세트나 샀어요? -- 열 세트 샀어요.

- 为了买到那本书，他已经去了三次书店了。
  Wèile mǎidào nà běn shū, tā yǐjing qùle sān cì shūdiàn le.
  그 책을 사기 위해 그는 벌써 세 번이나 서점에 갔다.

'동태조사 了'와 '어기조사 了'를 함께 쓰는 경우 동작은 일반적으로 계속 진행되어 가야 함을 뜻합니다.

예문
- 我们听了三天报告了。 나는 브리핑을 3일이나 들었어.
  Wǒmen tīngle sān tiān bàogào le.
  (앞으로도 계속 들어야 함)

(2) 着

① 동사 뒤에 쓰여 동작이나 상태의 지속을 나타냅니다. 대부분 어떤 사물이 처하거나 출현한 상태를 설명하거나 묘사합니다.

예문
- 你看，教室里的灯还亮着。 좀 봐, 교실의 등이 아직 켜져 있잖아.
  Nǐ kàn, jiàoshì li de dēng hái liàng zhe.

- 我一边等着小王，一边想着心事。
  Wǒ yìbiān děngzhe Xiǎo Wáng, yìbiān xiǎngzhe xīnshì.
  나는 왕 군을 기다리며, 걱정거리를 떠올린다.

- 别开着窗户睡觉。 창문을 열고 잠자지 마라.
  Bié kāizhe chuānghu shuìjiào.

② 연동문의 첫 번째 동사 뒤에 쓰여 동작자가 두 번째 동작을 진행할 때의 상태나 방식을 나타냅니다.

예문
- 东浩含着眼泪拜别了老师。 동호는 눈물을 머금고 선생님과 이별했어.
  Dōnghào hánzhe yǎnlèi bàibié le lǎoshī.

- 躺着看书对眼睛不好。 누워서 책을 보면 눈에 안 좋아.
  Tǎngzhe kàn shū duì yǎnjing bù hǎo.

- 顺着大街一直走，就到了。 큰 길을 따라 계속 가면, 바로 도착해요.
  Shùnzhe dàjiē yìzhí zǒu, jiù dào le.

③ 부정은 동사 앞에 没(有)를 쓰면 됩니다.

예문
- 我没有躺着看电视。
  Wǒ méiyǒu tǎngzhe kàn diànshì.
  나는 누워서 텔레비전을 보지 않았다.

(3) 过

① 동사 뒤에 쓰여 과거에 어떤 경험이 있었음을 나타냅니다.

예문
- 前年他去过一次北京。 그는 재작년에 베이징에 한 번 갔었다.
  Qiánnián tā qùguo yí cì Běijīng.

- 你打过高尔夫球没有？ 너 골프 쳐본 적 있니?
  Nǐ dǎguo gāo'ěrfūqiú méiyǒu?

② 过의 부정은 没(有)……过를 사용합니다.

예문
- 我没说过这种话。 난 그런 말 한 적 없어.
  Wǒ méi shuōguo zhè zhǒng huà.

- 这屋子从来没这么干净过。 이 방은 여태껏 이렇게 깨끗한 적이 없었어.
  Zhè wūzi cónglái méi zhème gānjìng guo.

③ 동사 뒤에 쓰여 완성을 나타냅니다. 了와 의미가 비슷하여 了와 함께 쓰이기도 합니다.

예문
- 我已经吃过饭了。 나는 이미 밥을 먹었어.
  Wǒ yǐjing chīguo fàn le.

④ 동태조사 过는 미래에 발생할 일이나 상황도 나타낼 수 있습니다.

예문
- 这本书很有意思，你看过就知道了。
  Zhè běn shū hěn yǒuyìsi, nǐ kànguo jiù zhīdao le.
  이 책 참 재미있어, 네가 보면 알게 될 거야.

- 明天我问过他就给你打电话。
  Míngtiān wǒ wènguo tā jiù gěi nǐ dǎ diànhuà.
  내일 내가 그에게 물어보고 너한테 전화할게.

어기조사 了, 呢, 的, 吗, 吧, 啊 등

(1) 了

① 문장 끝에 쓰여 어떤 일이나 상황이 이미 발생했음을 나타냅니다.

예문
- 弟弟的成绩好一点儿了。 남동생의 성적이 조금 좋아졌어.
  Dìdi de chéngjì hǎo yì diǎnr le.

- 我有时间了。 나 시간이 생겼어.
  Wǒ yǒu shíjiān le.

② 상황이나 상태의 변화나 어기를 표시하며 일반적으로 문장 끝에 쓰입니다.

예문
- 下雨了，回屋里去吧。 비가 오니 방으로 들어가자.
  Xià yǔ le, huí wūli qù ba.

- 苹果已经红了，可以吃了。
  Píngguǒ yǐjing hóng le, kěyǐ chī le.
  사과는 벌써 빨개졌으니 먹어도 되겠다.

- 他三年没回家了。 그는 3년간 집으로 돌아가지 않았어.
  Tā sān nián méi huíjiā le.

위 경우의 没……了에서, 没는 단순히 과거의 동작을 부정하고 了는 이와 상관없이 3년이라는 시간이 흘렀다는 상황의 변화를 표시하기 위해 쓰인 것입니다.
没回了家。(집에 돌아가지 않았다.)처럼 동작 뒤에 了를 쓸 수 없습니다.

예문
- 小红今年十六岁了。 홍 양은 올해 열여섯 살이야.
  Xiǎo Hóng jīnnián shíliù suì le.

- 我去图书馆看书了。 나는 도서관에 가서 책을 봤어.
  Wǒ qù túshūguǎn kàn shū le.

③ 새로운 상황의 출현을 나타내는 어기조사 了를 부정할 때는 没나 没……呢를 사용하고, 문장 끝에 了는 쓰지 않습니다.

예문
- 到北京了吧? -- 还没到呢。
  Dào Běijīng le ba?   Hái méi dào ne.
  베이징에 도착했지? -- 아직 도착하지 않았어.

- 吃饭了吗? -- 还没吃。 밥 먹었니? -- 아직 안 먹었어.
  Chīfàn le ma?   Hái méi chī.

곧 출현할 상황이나 바람, 소속, 성질 등의 변화를 부정할 때는 不……了를 사용합니다.

예문
- 身体有点儿不舒服，不想去看电影了。
  Shēntǐ yǒudiǎnr bù shūfu, bù xiǎng qù kàn diànyǐng le.
  몸이 좀 안 좋아서 영화 보러 가고 싶지 않구나.

- 水不烫了，可以喝了。 물이 식었으니 마셔도 된다.
  Shuǐ bú tàng le, kěyǐ hē le.

④ 太와 호응하여 감탄이나 과장의 어기를 나타냅니다.

예문
- 那太好了。 그것참 잘됐다.
  Nà tài hǎo le.

- 再见到你，太高兴了。 너를 다시 만나서 매우 기뻐.
  Zài jiàndào nǐ, tài gāoxìng le.

⑤ 不要, 别 등과 어울려 금지의 어기를 나타냅니다.

예문
- 多吃点儿，不要客气了。 사양하지 마시고, 많이 드세요.
  Duō chī diǎnr, búyào kèqi le.

- 别找我了。 나를 찾지 마.
  Bié zhǎo wǒ le.

⑥ 서술어가 수량사이거나 서술어 부분에 수량사가 포함되어 있는 어기조사 了의 문장은 그 수량을 넘어선 데에 대한 근심, 불만, 조롱, 우려 등의 의미를 지닙니다.

예문
- 都一岁半了，还不会走路。
  Dōu yí suì bàn le, hái bú huì zǒu lù.
  벌써 한 살 반인데, 아직도 걷지를 못해.

- 三十九度了，快送医院。 39도네, 얼른 병원에 데려가.
  Sānshíjiǔ dù le, kuài sòng yīyuàn.

※ 동태조사와 어기조사의 비교

동태조사 A: 你看了今天的晚报吗?
            Nǐ kànle jīntiān de wǎnbào ma?
            너 오늘 석간신문 봤어?

         B: 我看了(今天的晚报)。
            Wǒ kàn le (jīntiān de wǎnbào).
            (오늘 석간신문) 봤어. - 동작의 완료를 강조

어기조사 A: 下课以后你干什么了?
            Xiàkè yǐhòu nǐ gàn shénme le?
            수업 끝나고 뭐했니?

         B: 我看晚报了。
            Wǒ kàn wǎnbào le.
            석간 신문 봤어. - 행동이 이미 발생했음을 표현

(2) 呢

① 문장 끝에 와서 동작의 진행을 나타내며, 이때 어기조사 呢는 단독으로 사용할 수도 있고 부사 正, 在, 正在와 같이 사용할 수도 있습니다.

예문
- 李老师正在讲课呢。 Lǐ lǎoshī zhèngzài jiǎngkè ne.
- 李老师在讲课呢。 Lǐ lǎoshī zài jiǎngkè ne.
- 李老师正讲课呢。 Lǐ lǎoshī zhèng jiǎngkè ne.

李老师讲课**呢**。Lǐ lǎoshī jiǎngkè ne.
이 선생님은 지금 수업 중이셔.

② 의문문의 어조를 부드럽게 합니다.

예문 • 为什么还没吃晚饭**呢**? 왜 아직도 저녁을 안 먹었어?
Wèishénme hái méi chī wǎnfàn ne?

③ 의문대사가 묻고자 하는 의문 이외에도 추궁·의아함·곤혹스러움 등의 의미를 지닙니다.

예문 • 你们都不知道，谁知道**呢**?
Nǐmen dōu bù zhīdao, shéi zhīdao ne?
너희들 모두 모르는데, 누가 알겠니?

(3) **的**

① 문장 끝에 쓰여 의심할 여지없이 확실히 어떻다라는 확신의 어감을 표현합니다.

예문 • 他总有一天会明白**的**。 그는 언젠가 알게 될 거야.
Tā zǒng yǒu yì tiān huì míngbai de.

• 别担心，妈妈不会打你**的**。 걱정 마, 엄마는 너를 때리지 않을 거야.
Bié dānxīn, māma bú huì dǎ nǐ de.

② **是**……**的**
이미 발생한 동작에 한해서 그 동작이 행해졌던 시간·장소·목적·대상 등을 강조하려 할 때 쓰는데, 是는 강조하려는 부분 앞에 두고 的는 문장 끝에 두면 됩니다.

예문 • 我**是**坐飞机来**的**。 나는 비행기 타고 왔어.
Wǒ shì zuò fēijī lái de.

• 他不**是**一个人来**的**。 그는 혼자 온 게 아니야.
Tā bú shì yí ge rén lái de.

(4) **吗**는 문장 끝에 쓰여 의문을 나타냅니다.

예문 • 你好**吗**? 잘 지내니?
Nǐ hǎo ma?

• 他也去**吗**? 그도 가니?
Tā yě qù ma?

(5) 吧

① 명령문에 첨가되어 명령이나 건의의 어조를 부드럽게 해줍니다.

예문 · 咱们走吧。 우리 가자.
　　　　Zánmen zǒu ba.

② 추측의 어조를 나타냅니다.

예문 · 你认识我的朋友吧？ 너 내 친구 알지?
　　　　Nǐ rènshi wǒ de péngyou ba?

③ 동의를 나타냅니다.

예문 · 好吧，就这么做。 좋아, 이렇게 하자.
　　　　Hǎo ba, jiù zhème zuò.

(6) 啊

① 긍정이나 찬성을 표시합니다.

예문 · 对啊，我是韩国人。 맞아요, 저 한국 사람이에요.
　　　　Duì a, wǒ shì Hánguórén.

② 감탄문의 끝에 와서 긍정을 표시합니다.

예문 · 多可怜啊！ 가엾어라!
　　　　Duō kělián a!

③ 반어문에 쓰여 반문의 느낌을 강조합니다.

예문 · 哪有这样的做法啊？
　　　　Nǎ yǒu zhèyàng de zuòfǎ a?
　　　　이런 방법이 어디에 있니? (= 이런 방법은 있을 수 없다.)

어기조사 啊는 발음변화로 한자를 바꾸어 쓰기도 합니다.

啊의 앞글자	啊의 변음	대용한자	예시
a, o, e, i, u	ya	呀	是你呀!
ao, u	wa	哇	很好哇!
n	na	哪	有人哪!

조사와 겨루기

문제 01　다음 문장에서 틀린 곳을 찾아 바르게 고치세요.

(1) 你做的很好，我对你从来没失望过。

→ _____

(2) 我不去了书店。

→ _____

(3) 我会了游泳。

→ _____

문제 02　A, B, C, D 중 주어진 단어가 들어갈 적당한 위치를 고르세요.

(1) 这种产品 Ⓐ 是 Ⓑ 中国北方地区 Ⓒ 所生产 Ⓓ 。(的)

(2) Ⓐ 我 Ⓑ 买 Ⓒ 三件 Ⓓ 衣服。(了)

(3) 他们 Ⓐ 看 Ⓑ 看 Ⓒ 也 Ⓓ 没什么反应。(了)

문제 03　괄호 속에 들어갈 알맞은 글자를 쓰세요.

(1) 他正看着(　　　　)。

(2) 上下班高峰期，开车要小心，慢慢(　　　　)开。

(3) 多可怜(　　　　)!

특수문장 1장 결과보어를 이용하는 문장

결과보어란?

결과보어는 동작이나 변화가 만들어 내는 결과를 나타내며 일반적으로 사용되는 형용사나 동사는 대부분 결과보어로 사용가능합니다.

결과보어 기본형식 주어 + 동사 + 결과보어 (동사 또는 형용사)

결과보어 문장의 특징

(1) 결과보어와 동사의 결합이 매우 긴밀하여 가운데 다른 성분이 삽입될 수 없습니다. 따라서 了나 목적어는 반드시 결과보어 뒤에 와야 합니다.

주어 + 동사 + 결과보어 (+ 了) + 목적어

- 我学会(了)太极拳了。 나 태극권 배웠어.
  Wǒ xuéhuì (le) tàijíquán le.

- 我看完(了)那本小说了。 나 그 소설 다 읽었어.
  Wǒ kànwán (le) nà běn xiǎoshuō le.

TIP 결과보어 뒤에는 지속을 나타내는 着가 올 수 없습니다.

(2) 동사가 결과보어를 취할 경우 부정형식은 동사 앞에 没(有)를 씁니다.

주어 + 没(有) + 동사 + 결과보어

- 那个故事我没听懂。 그 이야기 난 못 알아들었어.
  Nà ge gùshi wǒ méi tīngdǒng.

- 今天的作业我还没做完呢！ 오늘 숙제 나는 아직 다 못했어!
  Jīntiān de zuòyè wǒ hái méi zuòwán ne.

조건문에는 不를 이용해 부정할 수도 있는데, 이때는 일종의 가정된 사실을 표현하는 것입니다.

주어 + 不 + 동사 + 결과보어

- 我不做完作业就不去游泳。
  Wǒ bú zuòwán zuòyè jiù bú qù yóuyǒng.
  나는 숙제를 다 하지 않으면 수영하러 가지 않을 거야.

- 你不写清楚，我们怎么能看懂？
  Nǐ bù xiě qīngchu, wǒmen zěnme néng kàndǒng?
  너가 정확하게 쓰지 않으면 우리가 어떻게 알아보겠니?

※ 결과보어와 가능보어의 부정문의 차이
결과보어 没听懂 : 동작의 결과까지 함께 부정하기 때문에 앞에 부정사가 옵니다.
가능보어 听不懂 : 동사와 보어 사이에 부정사가 옵니다.

(3) 긍정부정의문문

- 주어 + 동사 + 결과보어 + 没(有) + 동사 + 결과보어?
- 주어 + 동사 + 没(有) + 동사 + 결과보어?
- 주어 + 동사 + 결과보어 + 了 + 没(有)?

예문
- 这篇作文你看懂没看懂?
  Zhè piān zuòwén nǐ kàndǒng méi kàndǒng?

  这篇作文你看没看懂?
  Zhè piān zuòwén nǐ kàn méi kàndǒng?

  这篇作文你看懂了没有?
  Zhè piān zuòwén nǐ kàndǒng le méiyǒu?
  이 글을 너는 알아보겠니 못 알아보겠니?

没로 부정할 때는 끝에 了가 올 수 없습니다.
她没看完那本小说。(○)　　　她没看完那本小说了。(×)
Tā méi kànwán nà běn xiǎoshuō.
그녀는 그 소설을 다 보지 않았다.

결과보어로 자주 쓰이는 동사와 형용사

| 到 dào | 在 zài | 见 jiàn | 住 zhù | 上 shàng | 开 kāi |
| 给 gěi | 懂 dǒng | 好 hǎo | 完 wán | 清楚 qīngchu | |

到 dào

(1) 사람이나 사물이 어떤 지점에 도달했음을 나타냅니다.

예문
- 姐姐上个月去上海旅行了，昨天她回到了北京。
  Jiějie shàng ge yuè qù Shànghǎi lǚxíng le, zuótiān tā huídào le Běijīng.
  언니는 지난 달 상하이로 여행 갔었는데, 어제 베이징으로 돌아왔어.

(2) 동작이 어떤 시간까지 지속됨을 나타냅니다.

예문
- 他每天晚上都学习到十一点钟。 그는 매일 저녁 11시까지 공부해.
  Tā měitiān wǎnshang dōu xuéxí dào shíyī diǎnzhōng.

(3) 어떤 동작이 목적을 달성했음을 나타냅니다.

예문
- 我买到那本英语词典了。 나는 그 영어 사전을 구입했어.
  Wǒ mǎidào nà běn Yīngyǔ cídiǎn le.

在 zài

사람이나 사물이 어떤 동작을 통해 어느 곳에 머무르게 됨을 나타냅니다. 在 뒤에 오는 동사의 목적어는 반드시 장소를 나타내는 어휘가 와야합니다.

동사 + 在(결과보어) + 장소(목적어)

예문
- 昨天看电影的时候，你坐在哪儿? 어제 영화 볼 때, 너 어디에 앉았었니?
  Zuótiān kàn diànyǐng de shíhou, nǐ zuò zài nǎr?

- 钢笔我放在桌子上了，你用吧！ 연필은 탁자 위에 뒀으니, 네가 사용해!
  Gāngbǐ wǒ fàng zài zhuōzi shang le, nǐ yòng ba!

见 jiàn

听(듣다), 看(보다) 등의 감각을 나타내는 동사 뒤에 쓰여 동작의 결과가 생겼음을 나타냅니다. 看은 눈으로 보는 것을 나타내지만 보이는지 보이지 않는지는 확실하지 않습니다. 看见이라고 해야 비로소 의식을 가지고 무엇인가를 확실하게 보았다라는 뜻이 됩니다.

예문
- 你们看，树底下站着的那个人是谁?
  Nǐmen kàn, shù dǐxià zhànzhe de nà ge rén shì shéi?
  너희가 보기에 나무 아래에 서 있는 저 사람 누구인 것 같니?

- 我看见了，是小王。 내가 봤어, 왕 군이야.
  Wǒ kànjiàn le, shì Xiǎo Wáng.

- 他没有注意听，所以我刚才说的话他没有听见。
  Tā méiyǒu zhùyì tīng, suǒyǐ wǒ gāngcái shuō de huà tā méiyǒu tīngjiàn.
  그 사람은 주의해서 듣지 않아서 내가 방금 한 말을 못 들었어.

※ 看과 看见
看 : 그저 눈으로 보다라는 뜻으로 확실히 보았는지는 분명하지 않습니다.
看见 : 의도적으로 눈길을 보내어 보았음을 나타냅니다.

住 zhù

동작이 목적물에 영향을 미쳐 목적물이 일정한 위치에 머무르게 됨을 나타냅니다.

- 学过的生词我没有都记住，记住了大部分。
  Xuéguo de shēngcí wǒ méiyǒu dōu jìzhù, jìzhù le dà bùfen.
  배웠던 단어를 모두 기억하지는 못하지만, 대부분은 기억해.

- 给你铅笔，拿住，别掉了。 연필 줄게, 잘 받아, 떨어뜨리면 안돼.
  Gěi nǐ qiānbǐ, názhù, bié diào le.

上 shàng

(1) 동작을 통해 사물을 어떤 위치에 존재하게 하거나 부착시킴을 나타냅니다.

- 外边很冷，再穿上这件衣服吧！ 밖이 정말 추워, 옷 더 입어!
  Wàibiān hěn lěng, zài chuānshang zhè jiàn yīfu ba!

- 本子上要写上名字。 공책에 이름 써야 돼.
  Běnzi shang yào xiěshang míngzi.

(2) 동작이 완성된 후에 융합이나 결합이 이루어짐을 나타냅니다.

- 屋子里有点冷，请关上窗户。 실내가 좀 추우니 창문을 닫아주세요.
  Wūzi li yǒudiǎn lěng, qǐng guānshang chuānghu.

开 kāi

동작을 통해 목적물을 원래의 장소에서 분리시키거나 떼어 놓음을 나타냅니다.

- 请打开书，翻到第35页。 책 35쪽을 펴세요.
  Qǐng dǎkāi shū, fāndào dì sānshíwǔ yè.

- 小王，开开窗户吧，屋子里太热了。
  Xiǎo Wáng, kāikai chuānghu ba, wūzi li tài rè le.
  왕 군, 창문 좀 열어주세요. 실내가 너무 덥네요.

결과보어와 겨루기

문제 01 다음 문장에서 틀린 곳을 찾아 바르게 고치세요.

(1) 你们安排好工作不好?

→

(2) 我看那本小说完了。

→

(3) 这个故事我不听懂。

→

문제 02 A, B, C, D 중 주어진 단어가 들어갈 적당한 위치를 고르세요.

(1) 从早上 Ⓐ 八点 Ⓑ 工作 Ⓒ 晚上 Ⓓ 七点。(到)

(2) Ⓐ 这篇作文 Ⓑ 你 Ⓒ 看懂了 Ⓓ ? (没有)

문제 03 괄호 속에 들어갈 알맞은 글자를 쓰세요.

(1) 请你们关(　　　　)窗户。

(2) 学过的生词学生们都应该记(　　　　)。

(3) 做完作业，他就打(　　　　)收音机，听了一会儿音乐。

특수문장 2장 가능보어 / 정도보어를 이용하는 문장

01 가능보어(可能补语 kěnéng bǔyǔ)란?

가능보어는 행동의 주체가 어떤 동작을 진행시키고, 그것이 어떤 결과에 이르게 하는 능력이 있음을 나타냅니다. 결과보어나 방향보어 앞에 구조조사 得de를 넣어 만듭니다.

가능보어   **기본형식**   주어 + 동사 + 得 + 보어

02 정도보어(程度补语 chéngdù bǔyǔ)란?

동사나 형용사 뒤에 쓰여 어떤 동작이 진행되는 상황·결과·수량 등을 보충 설명하거나, 어떤 성질과 상태의 정도를 보충 설명하는 성분을 말합니다.

정도보어   **기본형식**   주어 + 동사 + 得 + 보어

가능보어

가능보어란?

가능보어는 행동의 주체가 어떤 동작을 진행시키고, 그것이 어떤 결과에 이르게 하는 능력이 있음을 나타냅니다. 결과보어나 방향보어 앞에 구조조사 得를 넣어 만듭니다.

> 주어 + 동사 + 得 + 보어

예문
- 这篇文章不太难，你们看得懂。(你们能看懂。)
  Zhè piān wénzhāng bú tài nán, nǐmen kàn de dǒng.
  (Nǐmen néng kàndǒng.)
  이 글은 그다지 어렵지 않아서 너희들이 이해할 수 있을 거야.

- 你等一会儿吧，我想他五点以前回得来。
  (他五点以前能回来。)
  Nǐ děng yíhuìr ba, wǒ xiǎng tā wǔ diǎn yǐqián huí de lái.
  (Tā wǔ diǎn yǐqián néng huílai.)
  잠깐만 기다려요, 내가 보기에 그 사람은 5시 전에 돌아올 수 있어요.

가능보어를 사용하는 문장의 특징

(1) 把자문이나 被자문에는 사용하지 않습니다.

(2) 동사가 목적어를 가지는 경우 목적어는 가능보어 뒤에 위치합니다.

예문
- 下午四点半以前你做得完今天的作业吗?
  Xiàwǔ sì diǎn bàn yǐqián nǐ zuò de wán jīntiān de zuòyè ma?
  오후 4시 반 이전에 너는 오늘 숙제를 다 마칠 수 있니?

(3) 가능보어의 부정은 得를 不로 바꿔주면 됩니다.

예문
- 你叫他，他听不见。 네가 그 사람을 불렀는데 그 사람은 듣지 못했어.
  Nǐ jiào tā, tā tīng bu jiàn.

(4) 정반의문문은 동사와 보어 결합구조의 긍정형과 부정형을 함께 나열합니다.

예문
- 这篇文章你看得懂看不懂?
  Zhè piān wénzhāng nǐ kàn de dǒng kàn bu dǒng?
  이 글을 너는 알아보겠니 못 알아보겠니?

가능보어로 자주 쓰이는 동사

| 了 liǎo | 动 dòng | 下 xià | 着 zháo |

(1) 了

동작이 끝까지 진행될 수 있는지, 긍정적인 결과를 얻어낼 수 있는지의 여부를 나타냅니다.

예문
- 明天早上七点钟，你来得了吗？ 내일 아침 7시에 올 수 있겠어?
  Míngtiān zǎoshang qī diǎnzhōng, nǐ lái de liǎo ma?

- 太早了，我来不了。 너무 빨라, 나는 올 수 없어.
  Tài zǎo le, wǒ lái bu liǎo.

(2) 动

동작을 통해 위치를 이동할 수 있는 힘이 있고, 가능성이 있음을 나타냅니다.

예문
- 这张桌子我一个人搬不动。 이 테이블은 나 혼자서 옮길 수 없어.
  Zhè zhāng zhuōzi wǒ yí ge rén bān bu dòng.

- 你们抬得动这张桌子吗。 너희는 이 테이블은 들 수 있겠어?
  Nǐmen tái de dòng zhè zhāng zhuōzi ma?

(3) 下

충분한 수용공간이 있는지의 여부를 나타냅니다.

예문
- 这个教室比较大，坐得下五十个人。
  Zhège jiàoshì bǐjiào dà, zuò de xià wǔshí ge rén.
  이 교실은 비교적 커서 50명은 앉을 수 있어.

- 那个剧场坐不下两千人。
  Nà ge jùchǎng zuò bu xià liǎng qiān rén.
  저 극장은 이 천 명은 수용하지 못해.

(4) 着

동작을 통해 목적에 도달함을 나타낸다.

예문
- 我手里拿的是什么东西，你猜得着吗?
  Wǒ shǒuli ná de shì shénme dōngxi, nǐ cāi de zháo ma?
  내 손에 어떤 물건을 가지고 있는지 넌 맞출 수 있어?

- 那本书图书馆里有，我借得着。
  Nà běn shū túshūguǎn li yǒu, wǒ jiè de zháo.
  그 책은 도서관에 있어서 내가 빌릴 수 있어.

※吃와 관련된 가능보어들

吃不到　음식이 없어서 먹을 수 없다.	
• 在非洲，吃不到这么好吃的菜。 Zài Fēizhōu, chī bu dào zhème hǎochī de cài. 아프리카에서는 이처럼 좋은 요리를 먹을 수 없다.	
吃不过来　음식이 많아 먹을 수 없다.	
• 这么多的菜，我吃不过来。 Zhème duō de cài, wǒ chī bu guòlai. 이렇게 많은 요리는 내가 먹을 수 없다.	
吃不起　돈이 없어서 사 먹을 수 없다.	
• 这么贵的东西他们吃不起。 Zhème guì de dōngxi tāmen chī bu qǐ. 이렇게 비싼 건 그들은 먹을 수 없다.	
吃不了　음식이 많아서 다 먹을 수 없다. 　　　음식물이나 먹는 사람에게 생긴 어떤 이유로 먹을 　　　수 없다.	
• 这么多的菜，我实在吃不了。 Zhème duō de cài, wǒ shízài chī bu liǎo. 이렇게 많은 요리를 난 정말 다 먹을 수 없다.	
吃不下　배불러서 먹을 수 없다. 　　　먹는 사람에게 생긴 어떤 이유로 먹을 수 없다.	
• 他不太舒服，吃不下。 Tā bú tài shūfu, chī bu xià. 그는 몸이 안 좋아서 먹을 수가 없다.	

정도보어

정도보어란?

동사나 형용사 뒤에 쓰여 어떤 동작이 진행되는 상황·결과·수량 등을 보충 설명하거나, 어떤 성질과 상태의 정도를 보충 설명하는 성분을 말합니다.

일반적인 형식

일반적으로 서술어 뒤에 得를 쓰고 이어서 서술어의 정도를 나타내는 말을 사용합니다.

> 주어 + 서술어 + 得 + 보어 (보충해 주는 말)

예문
- 中国队足球踢得很好。 중국팀은 축구를 매우 잘한다.
  Zhōngguóduì zúqiú tī de hěn hǎo.

- 她唱得很动听。 그녀는 노래를 매우 듣기 좋게 부른다.
  Tā chàng de hěn dòngtīng.

- 他忙得忘了吃饭。 그는 밥 먹는 것을 잊을 정도로 바쁘다.
  Tā máng de wàngle chī fàn.

> 得가 없는 정도보어도 일부 있는데, 高兴极了。 너무나 좋다. 爱死了。 좋아 죽겠다. 처럼 极, 坏, 死를 보어로 쓰는 문장 등이 그것입니다.

정도보어를 사용할 때 주의 사항

(1) 보어가 형용사일 경우 일반적으로 보어 앞에 很을 붙입니다.

예문
- 她说得很流利。 그녀는 매우 유창하게 말한다.
  Tā shuō de hěn liúlì.

- 飞机飞得很快。 비행기가 매우 빨리 날아간다.
  Fēijī fēi de hěn kuài.

- 他开车开得很小心。 그는 매우 조심스럽게 운전한다.
  Tā kāi chē kāi de hěn xiǎoxīn.

(2) 보어 성분은 단어 뿐 아니라 구나 문장이 올 수도 있습니다.

예문
- 他吃得肚子疼。 그는 배가 아플 정도로 먹었다.
  Tā chī de dùzi téng.

- 老师讲得**大家都很开心**。
  Lǎoshī jiǎng de dàjiā dōu hěn kāixīn.
  선생님은 모두가 즐거워할 정도의 강의를 하셨다.

- 小李紧张得**不知手放在哪里**。
  Xiǎo Lǐ jǐnzhāng de bù zhī shǒu fàng zài nǎli.
  이 군은 손을 어디에 둘지 모를 정도로 긴장했다.

(3) 서술어의 목적어가 있을 때는 서술어를 반복하여 표현합니다.

| 서술어 + 목적어 + 서술어 + 得 + 보어 (보충해 주는 말) |

예문
- 姚明**打**篮球**打得**很帅。 야오밍은 농구를 정말 멋있게 한다.
  Yáo Míng dǎ lánqiú dǎ de hěn shuài.

- 冬冬**开**车**开得**很快。 동동은 운전을 매우 빠르게 한다.
  Dōngdōng kāi chē kāi de hěn kuài.

  = 冬冬车开得很快。 (이처럼 앞 동사는 생략이 가능하다.)
  Dōngdōng chē kāi de hěn kuài.

(4) 부정할 때는 보어 앞에서 부정합니다.

예문
- 爸爸走得**不快**。 아빠는 걸음이 빠르지 않으시다.
  Bàba zǒu de bú kuài.
  → 爸爸不走得快。(×)

- 这次台风刮得**不太大**。 이번 태풍은 그리 세지 않다.
  Zhè cì táifēng guā de bú tài dà.
  → 这次台风不刮得很大。(×)

(5) 정반의문문의 경우 보어 부분을 반복해 줍니다.

예문
- 他来得**晚不晚**? 그는 늦게 왔니 늦지 않게 왔니?
  Tā lái de wǎn bu wǎn?
  → 他来不来很晚?(×)

- 那块手表做得**漂亮不漂亮**? 그 손목시계는 예쁘게 만들었니?
  Nà kuài shǒubiǎo zuò de piàoliang bu piàoliang?
  → 那块手表做不做得漂亮?(×)

※ 得, 的, 地의 비교

- 得 정도보어를 표시합니다.
  他做菜做得很好吃。 그는 음식을 맛있게 만든다.
  Tā zuò cài zuò de hěn hǎochī.

- 的 ~의, ~하는이라고 해석되며 수식의 기능을 하는 관형어를 만들어 줍니다.
  他的身材很结实。 그의 신체는 정말 튼튼하다.
  Tā de shēncái hěn jiēshi.

- 地 서술어를 수식하는 부사어를 만들어 줍니다.
  慢慢地说! 천천히 말해라!
  Mànman de shuō!

Exercise 가능보어 / 정도보어와 겨루기

문제 **01** 다음 문장에서 틀린 곳을 찾아 바르게 고치세요.

(1) 她今天早上起床得很早。
→ _____

(2) 她小的时候家里很穷，上不去高中。
→ _____

(3) 金先生没讲得清楚。
→ _____

(4) 他来不来很晚？
→ _____

문제 **02** A, B, C, D 중 주어진 단어가 들어갈 적당한 위치를 고르세요.

(1) 你 Ⓐ 叫 Ⓑ 他，他 Ⓒ 听 Ⓓ 见了。(不)

(2) 我手里拿的是什么东西，你 Ⓐ 猜 Ⓑ 得 Ⓒ 吗 Ⓓ ? (着 zháo)

문제 **03** 괄호 속에 들어갈 알맞은 글자를 쓰세요.

(1) 他开车开得(_____)小心。

(2) 这个教室比较大，坐得(_____)五十个人。

특수문장 3장 방향보어를 이용하는 문장

방향보어(方向补语 fāngxiàng bǔyǔ)란?

보통 동사 뒤에 来, 去 등을 붙여서 동작이 가까워지거나 멀어짐을 나타냅니다.

방향보어　　**기본형식**　동사 + 来 / 去

방향보어

방향보어란?

보통 동사 뒤에 来 / 去등을 붙여서 동작이 가까워지거나 멀어짐을 나타냅니다.

대상 ⇌ 화자

방향보어의 기본 형태

주어 + 동사 + 来 / 去

예문
- 他回来了。 그는 돌아왔다.
  Tā huílai le.

- 他回去了。 그는 돌아갔다.
  Tā huíqu le.

- 他借来了一辆自行车。
  Tā jièlai le yí liàng zìxíngchē.
  그가 자전거 한 대를 빌려왔다.

- 弟弟借去了一辆自行车。
  Dìdi jièqu le yí liàng zìxíngchē.
  동생이 자전거 한 대를 빌려갔다.

확장형 방향보어 8개

来, 去 외에 다른 동사 뒤에 붙어 방향을 나타내는 주요 단어로는 上, 下, 进, 出, 过, 回, 起, 开가 있습니다.

(1) 上 : 높은 곳으로 이동하거나 또는 어떤 목표에 도달하였음을 나타냅니다.

예문
- 他爬上一座山。
  Tā páshang yí zuò shān.
  그는 산에 올라갔다.

- 穿上大衣吧。 외투를 입어라.
  Chuānshang dàyī ba.

上

(2) 下 : 낮은 곳으로 이동하거나 또는 어떤 결과를 남김을 나타냅니다.

예문
- 请坐下。 앉으세요.
  Qǐng zuòxia.

- 我已经记下你的手机号码了。 난 이미 네 휴대전화 번호를 적었다.
  Wǒ yǐjing jìxia nǐ de shǒujī hàomǎ.

下

(3) 进 : 안으로 들어감을 나타냅니다.

예문
- 11号队员踢进了两个球。 11번 선수가 2골을 넣었다.
  Shíyī hào duìyuán tījìn le liǎng ge qiú.

- 他跳进水里了。 그는 물속으로 다이빙했다.
  Tā tiàojìn shuǐli le.

进

(4) 出 : 밖으로 나오거나 또는 드러냄을 나타냅니다.

예문
- 请拿出你的身份证。 당신의 신분증을 꺼내 보여주세요.
  Qǐng náchū nǐ de shēnfēnzhèng.

- 他已经猜出谜语的谜底了。 그는 이미 수수께끼의 답을 알아냈다.
  Tā yǐjing cāichū míyǔ de mídǐ le.

  * 谜语 míyǔ 수수께끼   谜底 mídǐ 수수께끼의 답

出

(5) 过 : 어떤 지점을 통과하거나 방향을 바꿈을 표시합니다.

예문
- 他的旁边走过一只白狗。 그의 옆으로 흰 강아지 한 마리가 지나갔다.
  Tā de pángbiān zǒuguo yì zhī bái gǒu.

- 她回过头注视我。 그녀는 고개를 돌려서 나를 주시했다.
  Tā huíguo tóu zhùshì wǒ.

过

(6) 回 : 본래의 장소로 돌아옴을 나타냅니다.

예문
- 把这支铅笔放回原处。 이 연필을 원래 있던 곳에 놓아주세요.
  Bǎ zhè zhī qiānbǐ fànghuí yuánchù.

- 会议结束后，打的士把两个同学送回家。
  Huìyì jiéshù hòu, dǎ díshì bǎ liǎng ge tóngxué sòng huí jiā.
  회의가 끝난 후 택시기사가 2명의 학우를 집에 태워다줬다.

(7) 起 : 어떤 일이 일어나거나 또는 시작됨을 나타냅니다.

예문
- 我想起了那件事。 나는 그 일이 생각났다.
  Wǒ xiǎngqǐ le nà jiàn shì.

- 足球比赛场上响起了大韩民国的国歌。
  Zúqiú bǐsàichǎng shang xiǎngqǐ le Dàhánmínguó de guógē.
  축구 경기장에 대한민국 국가가 울려퍼졌다.

(8) 开 : 넓게 퍼져 나가거나 또는 떨어짐을 나타냅니다.

예문
- 我打开了房门。 나는 방문을 열었다.
  Wǒ dǎkāi le fáng mén.

- 他们一见面就说开了。 그들은 보자마자 이야기를 하기 시작했다.
  Tāmen yí jiàn miàn jiù shuōkāi le.

복합방향보어

동사 뒤에 일반 방향보어는 물론 来 / 去 까지 붙은 형태를 말합니다.

	上	下	进	出	过	回	起	开
来	上来	下来	进来	出来	过来	回来	起来	×
去	上去	下去	进去	出去	过去	回去	×	×

(1) 下去 : 동사와 함께 쓰면 현재 진행 중인 동작이 계속되는 것을 나타내고, 형용사와 같이 쓰면 어떤 상태나 상황이 계속되는 것을 나타냅니다.

예문
- 这样打下去，我们队就会输了。 이대로 간다면, 우리 팀은 지게 된다.
  Zhèyàng dǎ xiàqu, wǒmen duì jiù huì shū le.

- 天气预报说，最近会一直热下去了。
  Tiānqìyùbào shuō, zuìjìn huì yìzhí rè xiàqu le.
  일기예보에서 최근의 더운 날씨가 계속될 거라고 했다

(2) 下来 : 어떤 사물이나 기억 등을 고정시키거나 또는 분리됨을 나타냅니다.

예문
- 请把我的名字记下来。 제 이름을 기록해 주세요.
  Qǐng bǎ wǒ de míngzi jì xiàlai.

- 把黑板上的内容抄下来。 칠판 위의 내용들을 적어 놓았다.
  Bǎ hēibǎn shang de nèiróng chāo xiàlai.

- 他把自己的手机放下来。 그는 자신의 휴대전화를 내려놓았다.
  Tā bǎ zìjǐ de shǒujī fàng xiàlai.

(3) 起来 : 흩어진 것이 집중되거나, 상황이 시작됨 혹은 동작의 완료를 나타냅니다.

예문
- 团结起来力量大。 단결하면 힘은 커진다.
  Tuánjié qǐlai lìliàng dà.

- 他一开玩笑，全班同学就哈哈笑起来。
  Tā yì kāi wánxiào, quánbān tóngxué jiù hāhā xiào qǐlai.
  그가 농담만 하면, 반 학생들은 '하하'하고 웃는다.

- 你说的那件事，我想起来了！ 네가 말한 그 일, 나 생각 났어!
  Nǐ shuō de nà jiàn shì, wǒ xiǎng qǐlai le!

(4) 出来 : 불분명하던 것이 명확히 드러나거나 또는 생산해냄을 나타냅니다.

예문
- 我认出来他是校长。 나는 그가 교장이라는 것을 알아차렸다.
  Wǒ rèn chūlai tā shì xiàozhǎng.

- 张老师写出来一篇文章。 장 선생님은 한편의 글을 써냈다.
  Zhāng lǎoshī xiě chūlai yì piān wénzhāng.

(5) 过来 : 방향의 전환 또는 정상적 상태로의 회복을 나타냅니다.

예문
- 对面的女孩子，向这边儿看过来。
  Duìmiàn de nǚháizi, xiàng zhèbiānr kàn guòlai.
  맞은 편의 아가씨가 이 쪽을 보았다.

- 被王子亲吻的白雪公主醒过来了。
  Bèi wángzǐ qīnwěn de Báixuě Gōngzhǔ xǐng guòlai le.
  왕자의 키스를 받은 백설공주는 깨어났다.

过来

(6) 过去 : 정신을 잃어버림 또는 지나침을 나타냅니다.

예문
- 他在追尾事故后，就晕过去了。
  Tā zài zhuīwěi shìgù hòu, jiù yūn guòqu le.
  그는 추돌사고 후, 정신을 잃었다.

- 你绝对瞒不过去这件事。 너는 절대로 이 일을 속일 수 없다.
  Nǐ juéduì mán bu guòqu zhè jiàn shì.

过去

목적어의 위치

(1) 일반적인 형태

> 주어 + 동사 + 목적어 + 来 / 去
> 주어 + 동사 + 来 / 去 + 목적어

예문 ▸ • 他回家去了。 그는 집으로 돌아갔다.
　　　　Tā huí jiā qu le.

① 장소 관련 목적어를 제외하면 来 / 去 뒤에 목적어가 올 수도 있습니다.

예문 ▸ • 我从图书馆借了一本书来。 나는 도서관에서 책 한 권을 빌려 왔다.
　　　　Wǒ cóng túshūguǎn jièle yì běn shū lai.

　　　　＝我从图书馆借来了一本书。

② 把를 이용하여 목적어를 동사 앞으로 끌어낼 수도 있습니다.

예문 ▸ • 爸爸送回那件礼物去。 아빠가 그 선물을 돌려보냈다.
　　　　Bàba sòng huí nà jiàn lǐwù qu.

　　　　＝ 爸爸把那件礼物送回去。
　　　　　Bàba bǎ nà jiàn lǐwù sòng huíqu.

(2) 목적어를 반드시 来 / 去 앞에 쓰는 경우

> 주어 + 동사 + 목적어 + 来 / 去

① 장소 관련 목적어가 올 경우

예문 ▸ • 他回中国去了。 그는 중국으로 돌아갔다.
　　　　Tā huí Zhōngguó qu le.

　　　　→ 他回去了中国。(×)

② 이합사가 함께 쓰이는 경우

예문
- 唱起歌来，快乐多。 노래를 하면 즐거움이 많다.
  Chàng qǐ gē lai, kuàilè duō.

- 下起雪来了。 눈이 오기 시작한다.
  Xià qǐ xuě lai le.

여기서 歌, 雪는 장소는 아니지만 움직일 수 없는 목적어이므로 来 / 去앞에 써야 합니다.

(3) 복합 방향 보어에서도 움직일 수 있는 사물이 목적어이면 그 위치가 자유롭습니다.

- 주어 + 동사 + 목적어 + 8개 방향보어 + 来 / 去
- 주어 + 동사 + 8개 방향보어 + 목적어 + 来 / 去
- 주어 + 동사 + 8개 방향보어 + 来 / 去 + 목적어

예문
- 请你买一本书回来。 나에게 책 한 권을 사다줘.
  Qǐng nǐ mǎi yì běn shū huílai.

  = 请你买回一本书来。
    Qǐng nǐ mǎi huí yì běn shū lai.

  = 请你买回来一本书。
    Qǐng nǐ mǎi huílai yì běn shū.

Exercise
방향보어와 겨루기

문제 01 다음 문장에서 틀린 곳을 찾아 바르게 고치세요.

(1) 3班同学又唱歌起来了。

→ _____

(2) 她回到来英国了。

→ _____

문제 02 A, B, C, D 중 주어진 단어가 들어갈 적당한 위치를 고르세요.

(1) 他们俩 ⓐ 进 ⓑ 图书馆 ⓒ 了 ⓓ 吗? (去)

(2) ⓐ 下 ⓑ 雪 ⓒ 来 ⓓ 了。(起)

문제 03 괄호 속에 들어갈 알맞은 글자를 쓰세요.

(1) 我想(　　　　)了那件事。

(2) 把这支铅笔放(　　　　)原处。

(3) 请把我的名字记(　　　　)。

(4) 我不能离(　　　　)你。

특수문장 4장 수량보어를 이용하는 문장

수량보어(数量补语 shùliàng bǔyǔ)란?

동사 뒤에 붙어 수량을 나타내는 말입니다. 지속되는 시간과 동작의 횟수를 나타내는 말로 크게 나뉩니다.

수량보어

- **기본형식** 동사 + 了/过 + 수량보어
- **목적어가 대사** 동사 + 대사 + 목적어 + 수량보어
- **목적어가 인명/지명** 동사 + 수량보어 + 인명/지명 목적어
  동사 + 인명/지명 목적어 + 수량보어

수량보어

수량보어란?

동사 뒤에 붙어 수량을 나타내는 말입니다. 지속되는 시간과 동작의 횟수를 나타내는 말로 크게 나뉩니다.

예문
- 我坐过三次飞机。 나는 비행기를 세 번 타 보았다.
  Wǒ zuòguo sān cì fēijī.

- 他在韩国工作了三年。 그는 한국에서 3년 동안 일했다.
  Tā zài Hánguó gōngzuò le sān nián.

수량보어의 위치

(1) 了, 过 등이 있을 때, 수량보어는 그 뒤에 위치합니다.

> 주어 + 동사 + 了 / 过 + 수량보어

예문
- 让你等了很长时间了。 너를 너무 오래 기다리게 했구나.
  Ràng nǐ děngle hěn cháng shíjiān le.

- 这首歌我唱了三次。 이 노래는 내가 세 번이나 불렀다.
  Zhè shǒu gē wǒ chàngle sān cì.

(2) 목적어가 있을 경우 수량보어의 위치를 주의해야 합니다.
  ① 동작의 횟수를 나타내는 경우
    Ⓐ 목적어가 대사일 경우 수량보어는 반드시 목적어 뒤에 두어야 합니다.

> 주어 + 동사 + 대사 + 수량보어

예문
- 我借给他三次。 나는 그에게 세 차례나 빌려주었다.
  Wǒ jiè gěi tā sān cì.

- 我见过他好几次。 나는 그를 꽤 여러 번 보았다.
  Wǒ jiànguo tā hǎo jǐ cì.

  Ⓑ 보통 목적어일 경우 수량보어는 일반적으로 목적어 앞에 위치합니다.

예문
- 我打过一次篮球。 나는 농구를 한 번 해 보았다.
  Wǒ dǎguo yí cì lánqiú.

- 他坐过三次奔驰。 그는 벤츠를 세 번 타보았다.
  Tā zuòguo sān cì bēnchí.

ⓒ 목적어가 인명이나 지명일 경우 수량보어는 목적어 앞, 뒤에 모두 올 수 있습니다.

예문
- 我见过王丽**三次**。 나는 왕리를 세 번 보았다.
  Wǒ jiànguo Wáng Lì sān cì.

  ＝我见过三次王丽。
  　Wǒ jiànguo sān cì Wáng Lì.

- 我去过中国**一次**。 나는 중국에 한 번 가보았다.
  Wǒ qùguo Zhōngguó yí cì.

  ＝我去过一次中国。
  　Wǒ qùguo yí cì Zhōngguó.

② 동작의 지속시간을 나타내는 경우

| 동사 + 목적어 + 동사 + 수량보어 |

동사와 목적어 뒤에 동사를 다시 한 번 쓰고 수량보어를 붙입니다.

예문
- 我坐船坐了**五个小时**。 나는 배를 다섯 시간이나 탔다.
  Wǒ zuò chuán zuòle wǔ ge xiǎoshí.

- 我等你等了**两个小时**。 나는 너를 두 시간이나 기다렸다.
  Wǒ děng nǐ děngle liǎng ge xiǎoshí.

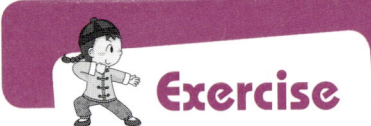

수량보어와 겨루기

문제 01 다음 문장에서 틀린 곳을 찾아 바르게 고치세요.

(1) 这首歌儿我唱三次了。

→

(2) 我打过一次篮球。

→

(3) 我见过好几次他。

→

문제 02 A, B, C, D 중 주어진 단어가 들어갈 적당한 위치를 고르세요.

(1) 我 Ⓐ 等 Ⓑ 你等 Ⓒ 两个小时 Ⓓ 。(了)

(2) 小王 Ⓐ 会 Ⓑ 说 Ⓒ 韩语 Ⓓ 。(一点儿)

특수문장 5장 비교를 나타내는 문장

비교문이란?

비교대상이 다른 사람이나 다른 사물과 얼마만큼의 차이가 있는지 혹은 얼마만큼 동등한지를 표시하는 문장입니다.
크게 세 가지 형태로 나누어 比, 没有, 跟 등을 사용하여 표현합니다.

비교문　**기본형식**　주어 + 比 + 비교대상 + 서술어

비교문

비교대상이 다른 사람이나 다른 사물과 얼마만큼의 차이가 있는지 혹은 얼마만큼 동등한지를 표시하는 문장입니다.
크게 세 가지 형태로 나누어지는데 比, 没有, 跟 등을 사용하여 표현합니다.

比를 이용한 비교

(1) 형태

주어 + 比 + 비교대상 + 서술어

예문
- 他比你大。 그는 너보다 나이가 많다.
  Tā bǐ nǐ dà.

- 弟弟比我高。 동생은 나보다 키가 크다.
  Dìdi bǐ wǒ gāo.

(2) 비교문의 부정
比 앞에 부정부사 不 등을 쓰면 됩니다.

주어 + 不 / 没 + 比 + 비교대상 + 서술어

예문
- 她不比你唱得好。 그녀는 너보다 노래를 잘하지 못해.
  Tā bù bǐ nǐ chàng de hǎo

- 我不比你小。 나는 너보다 어리지 않다.
  Wǒ bù bǐ nǐ xiǎo.

중국어에서 나이가 많다, 적다라는 개념은 일반적으로 大, 小를 쓴다는 점에 주의해야 합니다. 단음절 형용사는 일반적으로 앞에 很을 붙여 표현합니다. (예 很大。 크다.)

(3) 비교의 정도를 나타낼 때

① 서술어 뒤에 수량이나 정도보어가 올 수 있습니다.

예문
- 2班比3班多3个人。 2반이 3반보다 세 명이 더 많아.
  Èrbān bǐ sānbān duō sān ge rén.

- 他比我高一点儿。 그는 나보다 키가 조금 더 커.
  Tā bǐ wǒ gāo yìdiǎnr.

- 这个娃娃比那个漂亮得多。 이 인형은 저것보다 훨씬 예뻐.
  Zhège wáwa bǐ nàge piàoliang de duō.

② 부사를 이용하여 비교의 정도를 나타낼 수 있습니다.

예문
- 他的听力比我更强。 그의 청취력은 나보다 훨씬 뛰어나다.
  Tā de tīnglì bǐ wǒ gèng qiáng.

- 哈尔滨的冬天比北京还冷。 하얼빈의 겨울은 베이징보다 더 춥다.
  Hā'ěrbīn de dōngtiān bǐ Běijīng hái lěng.

※ 평서문과는 달리 비교문에서는 很, 非常, 十分 등의 부사를 쓰지 않습니다.

예문
- 今天天气比昨天天气还热。
  Jīntiān tiānqì bǐ zuótiān tiānqì hái rè.
  오늘 날씨는 어제 날씨보다 더 덥다.

  → 今天天气比昨天天气很热。(×)
  (很 대신 还나 更등의 부사를 사용해야 합니다.)

(4) 比가 들어가는 관용구

比 전후에 '一 + 시간사'가 중복되면, 어떤 사람이나 사물의 상태가 시간의 흐름에 따라 그 정도가 심화됨을 나타냅니다. 이런 경우 서술어 뒤에 一点儿, 很多 등의 보어는 쓸 수 없습니다.

예문
- 一天比一天帅! 날마다 더욱 멋있어지는군!
  Yì tiān bǐ yì tiān shuài!

- 首尔的人口一年比一年多。 서울의 인구는 해마다 증가한다.
  Shǒu'ěr de rénkǒu yì nián bǐ yì nián duō.

有 / 没有를 이용한 비교

(1) 有를 사용한 비교 – 일반적으로 의문문에 많이 쓰입니다.

| 주어 + 有 + 비교대상 + 这么 / 那么 + 서술어 |

예문
- 你的词典有这本词典这么厚吗? 네 사전은 이 사전만큼 두껍니?
  Nǐ de cídiǎn yǒu zhè běn cídiǎn zhème hòu ma?

- 我的公寓有他们的公寓那么高。
  Wǒ de gōngyù yǒu tāmen de gōngyù nàme gāo.
  내 아파트는 그들의 아파트만큼 높다.

(2) 没有를 이용한 비교

| 주어 + 没有 + 비교대상 (+ 这么 / 那么) + 서술어 |

예문
- 大哥的工资没有我(这么)多。 큰형의 월급은 내 것만큼 많지 않아.
  Dàgē de gōngzī méiyǒu wǒ (zhème) duō.

- 长白山没有珠穆朗玛峰(那么)高。
  Chángbái Shān méiyǒu Zhūmùlǎngmǎ Fēng (nàme) gāo.
  백두산은 에베레스트산만큼 높지 않아.

- 我没有小李(那么)喜欢数学。
  Wǒ méiyǒu Xiǎo Lǐ (nàme) xǐhuan shùxué.
  나는 이 군처럼 그렇게 수학을 좋아하지는 않아.

　　　　　　　　＊ 珠穆朗玛峰 Zhūmùlǎngmǎ Fēng 에베레스트 산

＊ 这么, 那么는 말하는 이가 느끼는 거리에 따라 그 사용이 달라집니다.

(3) 이 형식의 비교문은 다음과 같은 점을 주의해야 합니다.

① 증가나 감소를 표시하는 서술어를 쓸 수 없습니다.

② 서술어 앞에 还, 更 등을 사용할 수 없습니다.

③ 서술어 뒤에 一点儿이나 정도보어 得多의 형태가 올 수 없습니다.

○	×
他的硬币比我的少。 그의 동전은 나보다 적다. Tā de yìngbì bǐ wǒ de shǎo.	他的硬币没有我的少。
西安没有昆明暖和。 시안은 쿤밍처럼 따뜻하지 않다. Xī'ān méiyǒu Kūnmíng nuǎnhuo.	西安没有昆明还暖和。
你没有他认真。 너는 그 사람만큼 성실하지 않아. Nǐ méiyǒu tā rènzhēn.	你没有他认真得多。

똑소리 나는 쉬운 중국어 어법

> 跟을 이용한 비교

跟 + 비교대상 + (不)一样

(1) 跟……一样 의 형식으로 쓰이며 동등함을 나타냅니다.

예문
- 我的数码相机跟他的一样好。
  Wǒ de shùmǎ xiàngjī gēn tā de yíyàng hǎo.
  나의 디지털 카메라는 그의 것만큼 좋다.

- 我的MP3的大小跟你的一样。
  Wǒ de MPsān de dàxiǎo gēn nǐ de yíyàng.
  나의 MP3의 크기는 너의 것과 똑같다.

(2) 부정할 때는 보통 不一样으로 합니다.

예문
- 今天的汇率跟昨天的不一样。
  Jīntiān de huìlǜ gēn zuótiān de bù yíyàng.
  오늘의 환율은 어제 것과는 다르다.

※ 跟……差不多는 두 비교대상의 상태가 비슷함을 나타냅니다.

他的汉语跟我差不多。 그의 중국어 실력은 나와 비슷해.
Tā de Hànyǔ gēn wǒ chàbuduō.

특수문장 5장 비교를 나타내는 문장 175

비교문과 겨루기

문제 01 다음 문장에서 틀린 곳을 찾아 바르게 고치세요.

(1) 今年比去年不热。

→

(2) 他的个子比我很高。

→

(3) 西安没有昆明还暖和。

→

문제 02 A, B, C, D 중 주어진 단어가 들어갈 적당한 위치를 고르세요.

(1) 这本 Ⓐ 书 Ⓑ 比 Ⓒ 那本 Ⓓ 厚。(还)

(2) 小李 Ⓐ 说英语 Ⓑ 有我姐姐 Ⓒ 说得 Ⓓ 流利吗? (那么)

문제 03 괄호 속에 들어갈 알맞은 글자를 쓰세요.

(1) 韩语没有英语(　　　　)难。

(2) 一天(　　　　)一天帅!

(3) 我的MP3的大小(　　　　)你的一样。

특수문장 6장 연동문과 겸어문

01 연동문(连动句 liándòngjù)이란?

하나의 문장 속에서, 주어 하나에 동사가 둘 이상인 문장을 말합니다.

연동문 기본형식 주어 + 동사₁ + 목적어 + 동사₂

02 겸어문(兼语句 jiānyǔjù)이란?

두 개의 동사가 사용되어 앞 동사의 목적어가 뒤 동사의 주어역할을 하는 문장을 말합니다.

겸어문 기본형식 주어 + 동사₁ + 목적어(목적어이면서 동사₂의 주어) + 동사₂

연동문

연동문이란?

한 문장에 둘 이상의 동사가 서술어로 쓰여 하나의 주어를 서술하거나 묘사, 설명하는 문장을 말합니다.

예문
- 他去邮局发信。 그는 우체국에 가서 편지를 부친다.
  Tā qù yóujú fā xìn.

- 你有权利发表意见。 너는 의견을 발표할 권리가 있어.
  Nǐ yǒu quánlì fābiǎo yìjiàn.

연동문의 특징

(1) 연동문에 쓰인 동사들은 여러 가지 의미 관계를 표현할 수 있습니다. 따라서 의미상 동사의 순서는 바꿀 수 없습니다.

 동작이 행해지는 순서대로 동사를 배열하면 됩니다.

① 동작의 발생 순서

예문
- 他穿上衣服拉开门跑了出去。
  Tā chuānshang yīfu lākāi mén pǎole chūqu.
  그는 옷을 입고 문을 열어젖히더니 뛰어나갔다.

- 他们吃过晚饭散步去了。
  Tāmen chīguo wǎnfàn sànbù qù le.
  그들은 저녁을 먹고 산책을 나갔다.

② 목적

예문
- 我们去医院看病。
  Wǒmen qù yīyuàn kàn bìng.
  우리는 병원에 가서 진료를 받았다.

- 下午我们去商店买东西。
  Xiàwǔ wǒmen qù shāngdiàn mǎi dōngxi.
  오후에 우리는 상점에 물건을 사러 간다.

③ 동작의 방식

예문
- 我明天坐飞机去广州。 나는 내일 비행기를 타고 광저우에 가.
  Wǒ míngtiān zuò fēijī qù Guǎngzhōu.

- 他用铅笔写信。 그 사람은 연필로 편지를 써.
  Tā yòng qiānbǐ xiě xìn.

④ 정반 관계

예문
- 大家都站着不动。 모두들 서서 움직이지 않아.
  Dàjiā dōu zhànzhe bú dòng.

⑤ 어떤 조건의 구비나 존재

예문
- 我有理由这样做。 내가 이렇게 하는 데에는 이유가 있어.
  Wǒ yǒu lǐyóu zhèyàng zuò.

(2) 일부 동사는 연동문에서 중첩형으로 쓸 수 있으며 일반적으로 뒤에 오는 동사를 중첩합니다.

예문
- 我上街买买东西。 나는 물건을 사러 간다.
  Wǒ shàng jiē mǎimai dōngxi.

  →我上上街买东西。(×)

(3) 정반의문문은 첫 번째 동사의 긍정형과 부정형을 나열하여 나타냅니다.

예문
- 你去不去看电影? 너 영화 보러 갈 거야 안 갈 거야?
  Nǐ qù bu qù kàn diànyǐng?

- 小王去没去北京饭店吃饭?
  Xiǎo Wáng qù méi qù Běijīng Fàndiàn chī fàn?
  왕 군은 베이징호텔에 밥 먹으러 갔어요 안 갔어요?

不나 也는 첫 번째 동사 앞에 사용합니다.

겸어문

겸어문이란?

하나의 문장에서 첫번째 동사의 목적어가 다시 뒤에 오는 동사의 주어가 되는 문장을 말합니다.

예문
- 他的话**使**我十分**生气**。 그의 말이 나를 화나게 했어.
  Tā de huà shǐ wǒ shífēn shēng qì.

- 东浩**让**你在这儿**等**他，他马上就来。
  Dōnghào ràng nǐ zài zhèr děng tā, tā mǎshàng jiù lái.
  동호가 너보고 여기서 기다리래, 금방 온다고.

- 阿里**叫**我**告诉**你这件事。 아리는 나보고 이 일을 네게 알리라고 했어.
  Ālǐ jiào wǒ gàosu nǐ zhè jiàn shì.

- 这件事**使**我很**感动**。 이 일로 나는 매우 감동했어.
  Zhè jiàn shì shǐ wǒ hěn gǎndòng.

겸어문의 특징

(1) 첫 번째 동사는 일반적으로 명령이나 호칭, 확정의 의미를 나타냅니다.

※겸어문에 자주 쓰이는 동사

使 shǐ	让 ràng	叫 jiào	派 pài	请 qǐng
令 lìng	称 chēng	认 rèn	选 xuǎn	

(2) 겸어문 뒤에는 当, 做, 为 등의 동사가 자주 쓰입니다.

예문
- 同学们一致选我**当**班长。 학우들이 나를 반장으로 선출했어요.
  Tóngxuémen yīzhì xuǎn wǒ dāng bānzhǎng.

- 我认您**做**老师吧。 당신을 선생님으로 모실게요.
  Wǒ rèn nín zuò lǎoshī ba.

(3) 有와 是는 겸어문의 첫 번째 동사로 쓰입니다.

예문
- 他**有**个中国朋友叫蓝天。 그는 남천이라고 부르는 중국 친구가 있어.
  Tā yǒu ge Zhōngguó péngyou jiào Lántiān.

- 小王，楼下**有**人找你。 왕 군, 아래 누가 찾아왔어.
  Xiǎo Wáng, lóu xià yǒu rén zhǎo nǐ.

- **是**我送来了这封信。 이 편지를 가져온 건 나야.
  Shì wǒ sònglai le zhè fēng xìn.

- **是**妈妈救了我的命。 엄마가 내 목숨을 구했어.
  Shì māma jiùle wǒ de mìng.

(4) 겸어문의 첫 번째 동사 뒤에는 일반적으로 了, 着, 过가 올 수 없습니다. 다만 원인과 결과를 설명하는 문장이나 새로운 상황의 출현을 알리는 了는 올 수 있습니다.

예문 ▶ 厂长让工人们**谈了**各自的想法。
Chǎngzhǎng ràng gōngrénmen tánle gèzì de xiǎngfǎ.
공장장은 직원들에게 각자의 생각을 말하도록 하였다.

→ 厂长让了工人们谈各自的想法。(×)

(5) 능원동사는 일반적으로 겸어문의 첫 번째 동사 앞에 씁니다.

예문 ▶ 我**想**请他来作一个报告。 나는 그 사람에게 발표를 해달라고 부탁했다.
Wǒ xiǎng qǐng tā lái zuò yí ge bàogào.

- 那件事**会**叫老师感到十分为难。
  Nà jiàn shì huì jiào lǎoshī gǎndào shífēn wéinán.
  그 일로 선생님이 아주 곤란해 하실 거야.

- 胜利**能**使人走向成功，也**能**使人走向失败。
  Shènglì néng shǐ rén zǒuxiàng chénggōng, yě néng shǐ rén zǒuxiàng shībài.
  승리는 사람을 성공으로 이끌 수 있지만, 실패로 이끌 수도 있다.

(6) 부정부사는 일반적으로 첫 번째 동사 앞에 쓰이며, 저지를 나타내는 别, 不要 등은 두 번째 동사 앞에 쓸 수 있습니다.

예문 ▶ 他**不让**我们参加今天的晚会。
Tā bú ràng wǒmen cānjiā jīntiān de wǎnhuì.
그는 우리를 오늘 회식에 참석하지 못하게 했다.

- 我们**没请**他来，是他自己来的。
  Wǒmen méi qǐng tā lái, shì tā zìjǐ lái de.
  우리가 그 사람을 오라고 한 게 아니라, 그 사람이 온 거야.

- 上课，请大家**不要**说话。 수업을 하니 여러분은 말씀을 삼가 주세요.
  Shàngkè, qǐng dàjiā bú yào shuō huà.

- 阅览室的报纸，请你们**别**拿出去。
  Yuèlǎnshì de bàozhǐ, qǐng nǐmen bié ná chūqu.
  열람실의 신문은 가지고 나가지 마세요.

연동문 / 겸어문과 겨루기

문제 01 다음 문장에서 틀린 곳을 찾아 바르게 고치세요.

(1) 昨天我去了超级市场买了两个电池。

→

(2) 我上上街买东西。

→

(3) 你去看不看电影?

→

문제 02 A, B, C, D 중 주어진 단어가 들어갈 적당한 위치를 고르세요.

(1) 他的 ⒜ 话 ⒝ 我 ⒞ 十分 ⒟ 生气。(使)

(2) 厂长让 ⒜ 工人们谈 ⒝ 各自 ⒞ 的想法 ⒟ 。(了)

(3) 我们 ⒜ 请 ⒝ 他 ⒞ 来 ⒟ 。(没)

(4) ⒜ 请 ⒝ 大家 ⒞ 说话 ⒟ 。(不要)

문제 03 괄호 속에 들어갈 알맞은 글자를 쓰세요.

(1) 我明天(　　　)飞机(　　　)广州。

(2) 同学们一致选我(　　　)班代表。

특수문장 7장 把자문 / 被자문

01 把자문이란?

把와 그 목적어를 동사 앞으로 이끌어 부사어로 쓰인 문장을 말합니다.

把자문 [기본형식] 주어 + (不) + 把 + 목적어 + 동사 + 기타성분

02 被자문이란?

被, 叫, 让을 이용하여 피동을 나타내는 문장을 말합니다.

겸어문 [기본형식] 주어 + (不) + 被 + 목적어 + 동사 + 기타성분

把자문

把자문이란?

전치사 把와 그 목적어를 동사 앞으로 이끌어 부사어로 쓰인 문장을 말하며, 동작을 통해 어떤 변화나 영향, 결과 등이 나타남을 강조하기 위해 사용합니다.

把자문은 어떻게 쓰이나요?

(1) 일반적인 문장의 형태는 다음과 같습니다.

> 주어 + 把 + 목적어 + 동사 + 기타성분

예문
- 屋里太热了，把窗户打开一下吧！(打开窗户)
  Wūli tài rè le, bǎ chuānghu dǎkāi yíxià ba!
  방안이 몹시 더우니 창문 좀 열어 줄래요!

- 玛丽把房间布置得漂亮极了。(布置房间)
  Mǎlì bǎ fángjiān bùzhì de piàoliang jíle.
  마리는 방을 매우 예쁘게 꾸몄다.

(2) 把의 목적어는 임의의 것이 아니라 특정한 것이어야 합니다.

예문
- 把那本词典递给我。그 사전을 제게 전해주세요.
  Bǎ nà běn cídiǎn dì gěi wǒ.
  →把一本词典递给我。(×)

- 我把这个消息告诉了老王。나는 이 소식을 왕 씨에게 알려주었다.
  Wǒ bǎ zhè ge xiāoxi gàosu le Lǎo Wáng.

(3) 把자문의 동사 뒤에는 일반적으로 기타성분을 써야 하는데 동사의 중첩형, 동태조사 了, 보어, 목적어 등이 올 수 있습니다.

예문
- 我把今天该办的事都办完了。
  Wǒ bǎ jīntiān gāi bàn de shì dōu bànwán le.
  나는 오늘 처리해야 할 일을 모두 처리했다.
  →把该办的事都办。(×)

- 他把衣服放到衣柜里了。그는 옷을 옷장 안에 넣어두었다.
  Tā bǎ yīfu fàngdào yīguì li le.
  →把衣服放。(×)

- 咱们把屋子打扫打扫。
  Zánmen bǎ wūzi dǎsǎo dǎsǎo.
  우리 집을 청소하자. (중첩)

- 把这些词记住。
  Bǎ zhèxiē cí jìzhù.
  이 단어들을 기억해라. (보어)

- 把这件事告诉他吧。
  Bǎ zhè jiàn shì gàosu tā ba.
  이 일을 그에게 알려라. (목적어)

(4) 일반적으로 문장의 동사가 '분리되어 떨어짐'을 나타내는 경우에는 동사 뒤에 了만 써도 됩니다. 脱, 拆, 倒, 扔, 寄, 发 등이 있습니다.

예문
- 他把毛衣脱了。 그는 스웨터를 벗었다.
  Tā bǎ máoyī tuō le.
  →他把毛衣穿了。(×)

- 我把邮票撕了。
  Wǒ bǎ yóupiào sī le.
  그는 우표를 찢었다.

(5) 부정부사, 시간사 등은 일반적으로 把 앞에 사용합니다.

예문
- 他没把照相机带来。
  Tā méi bǎ zhàoxiàngjī dàilai.
  그는 카메라를 가져오지 않았다.

- 我昨天把那本书还给图书馆了。
  Wǒ zuótiān bǎ nà běn shū huán gěi túshūguǎn le.
  나는 어제 그 책을 도서관에 반납했다.

- 你应该把中文学好。
  Nǐ yīnggāi bǎ Zhōngwén xuéhǎo.
  너는 중국어를 잘 배워야 한다.

(6) 특수한 把자문

이런 把자문은 동사 뒤에 在, 到, 给, 成등의 전치사 및 전치사의 목적어가 놓이며, 형식은 매우 고정적이다.

在 ~에 위치하다.

- 他把衣服挂在这儿了。 그는 옷을 여기에다 걸었다.
  Tā bǎ yīfu guà zài zhèr le.

到 ~에 도달하다.

- 大家把他送到医院。 모두는 그를 병원으로 옮겼다.
  Dàjiā bǎ tā sòng dào yīyuàn.

给 ~에(게) 주다. (사람 혹은 사물이 어떤 특정한 동작을 통해 다른 대상으로 넘어가는 것을 나타낸다.)

- 他把火车票交给了我。
  Tā bǎ huǒchēpiào jiāo gěile wǒ.
  그는 기차표를 내게 주었다.

成 ~가 되다. (사물이 어떠한 동작을 통해 다른 모습으로 변함을 나타낸다.)

- 我常常把'体'字写成'休'字。
  Wǒ chángcháng bǎ 'tǐ' zì xiěchéng 'xiū' zì.
  나는 늘 '体'자를 '休'자로 쓴다.

把자문의 주의 사항

(1) 위치나 상태의 변화가 생긴 경우

- **예문** ▶ 我把作业交给老师了。 나는 숙제를 선생님께 제출하였다.
  Wǒ bǎ zuòyè jiāo gěi lǎoshī le.

- 他把这篇课文翻译成了英文。
  Tā bǎ zhè piān kèwén fānyì chéng le Yīngwén.
  그는 이 본문을 영어로 번역하였다.

(2) 특정한 동작의 방식을 강조하는 경우 (대부분 명령이나 행동 묘사에 많이 사용됩니다.)

예문
- 把你的护照给我看看。
  Bǎ nǐ de hùzhào gěi wǒ kànkan.
  당신의 여권을 저에게 보여 주세요.

- 把这张表填一下。 이 신청서를 기입하세요.
  Bǎ zhè zhāng biǎo tián yíxià.

- 他把大衣一穿，帽子一戴，走了出去。
  Tā bǎ dàyī yì chuān, màozi yí dài, zǒule chūqu.
  그는 외투를 입고, 모자를 쓰고, 걸어나갔다.

(3) 행위의 목적이나 목표를 강조하는 경우

예문
- 我把今天的作业作完了。
  Wǒ bǎ jīntiān de zuòyè zuòwán le.
  나는 오늘 숙제를 다 하였다.

- 我要把他的病治好。
  Wǒ yào bǎ tā de bìng zhìhǎo.
  나는 그의 병을 잘 치료할 것이다.

(4) 처치성이 없는 동작이나 비동작성 동사는 把자문을 쓸 수 없습니다.

① 감각, 인식 : 看见, 听见, 闻到, 感到, 知道, 懂

② 존재, 동등 : 有, 在, 是

③ 심리 : 同意, 讨厌, 生气, 怕

④ 신체상태 : 站, 坐, 躺

- 把花香闻到了。(×)
- 把他认识了。(×)

被 자문이란 무엇인가요?

전치사 被, 叫, 让을 이용하여 피동을 나타내는 문장을 말합니다.

'被'자문은 어떻게 쓰이나요?

(1) 기본 문형은 다음과 같다.

주어 + 被 + 목적어 + 동사 + 기타성분

예문
- 他被公司开除了。 그는 회사에서 해고되었다.
  Tā bèi gōngsī kāichú le.
  (公司开除他 회사가 그를 쫓아냈다.)

- 那个病人被小王送到医院去了。
  Nà ge bìngrén bèi Xiǎo Wáng sòngdào yīyuàn qù le.
  그 환자를 왕 군이 병원으로 보냈다.

(2) 被자문의 주어는 일반적으로 정해진 것이나 혹은 이미 알고 있는 것이어야 합니다.

(3) 서술어는 일반적으로 간단한 하나의 동사가 아니라 동태조사 了, 过, 보어, 목적어, 능원동사 등이 함께 와서 동작의 결과나 정도, 시간 등을 설명해야 합니다.

예문
- 那本小说昨天让人借走了。
  Nà běn xiǎoshuō zuótiān ràng rén jièzǒu le.
  그 소설은 어제 누군가가 빌려갔다.

- 我的自行车叫弟弟骑到城里去了。
  Wǒ de zìxíngchē jiào dìdi qídào chénglǐ qù le.
  내 자전거를 남동생이 타고 시내로 갔다.

- 忽然，门被撞开了。
  Hūrán, mén bèi zhuàngkāi le.
  갑자기 문이 부딪혀 열렸다.

- 玻璃杯被打碎了。
  Bōlibēi bèi dǎsuì le.
  유리컵이 깨져버렸다.

(4) 만약 동작의 주체를 표현할 필요가 없거나 표현할 수 없는 경우라면 人으로 대체할 수 있습니다.

예문
- 张老师被人请去作报告了。
  Zhāng lǎoshī bèi rén qǐng qù zuò bàogào le.
  장 선생님은 부탁을 받고 레포트를 쓰러 갔다.

- 我的词典叫人借走了。 나의 사전을 누가 빌려갔다.
  Wǒ de cídiǎn jiào rén jièzǒu le.

(5) 被는 문어체의 성격이 강하고, 회화체에서는 叫나 让을 많이 사용합니다. 단, 문장에서 被의 목적어는 생략될 수 있지만, 叫나 让의 목적어는 반드시 써줘야 합니다.

〈문어체〉
- 他被老师批评了一顿。 그는 선생님께 한 소리를 들었다.
  Tā bèi lǎoshī pīpíng le yí dùn.

〈회화체〉
- 他叫/让老师批评了一顿。
  Tā jiào/ràng lǎoshī pīpíng le yí dùn.

〈목적어의 생략〉
- 他被批评了一顿。(○)
  Tā bèi pīpíng le yí dùn.

  → 他叫/让批评了一顿。(×)

(6) 부정부사나 능원동사를 사용해야 한다면 모두 被, 叫, 让 앞에 써야 합니다.

예문
- 那本小说没被人借走，你拿去看吧。
  Nà běn xiǎoshuō méi bèi rén jièzǒu, nǐ ná qù kàn ba.
  그 소설은 다른 사람이 안 빌려 갔으니 네가 가져가서 봐라.

- 快关上窗户，墙上的画儿要让风吹下来了。
  Kuài guānshang chuānghu, qiángshang de huàr yào ràng fēng chuī xiàlai le.
  빨리 창문 닫아, 벽에 걸린 그림이 바람에 떨어지려고 해.

把자문 / 被자문과 겨루기

문제 01 다음 문장에서 틀린 곳을 찾아 바르게 고치세요.

(1) 我把那种杂志喜欢看。

→

(2) 他把那张DVD还没看完。

→

(3) 快把床收拾！

→

(4) 一本小说昨天让人借了。

→

문제 02 A, B, C, D 중 주어진 단어가 들어갈 적당한 위치를 고르세요.

(1) ⓐ 请 ⓑ 那三 ⓒ 本辞典 ⓓ 递给我。(把)

(2) ⓐ 那本小说 ⓑ 被 ⓒ 人 ⓓ 借走。(没)

(3) ⓐ 他 ⓑ 公司 ⓒ 开除 ⓓ 了。(被)

문제 03 괄호 속에 들어갈 알맞은 글자를 쓰세요.

(1) 留学生中(　　　　)称为"老李"的是那个学生。

(2) (　　　　)留学生们称为"老李"的是那个学生。

8장 존현문

특수문장

존현문이란?

문장의 첫부분에 장소나 시간을 나타내는 말을 사용하여 새로운 사람이나 사물의 존재, 출현 또는 사라짐을 나타내는 문장을 말합니다.

존현문 기본형식 장소 / 시간 + 동사 + 사람 / 사물

존현문

존현문이란?

문장의 첫부분에 장소나 시간을 나타내는 말을 사용하여 새로운 사람이나 사물의 존재, 출현 또는 사라짐을 나타내는 문장을 말합니다.

- 존재 医院门口站着一位大夫。 병원 입구에 의사 한 명이 서 있다.
  Yīyuàn ménkǒu zhànzhe yí wèi dàifu.

- 출현 餐厅来了一个包裹。 식당에 소포 하나가 왔다.
  Cāntīng láile yí ge bāoguǒ.

- 소실 那里死了一只麻雀。 그곳에 참새 한 마리가 죽어있다.
  Nàli sǐle yì zhī máquè.

출현, 소실의 문장에서는 그렇게 되었다라는 뜻의 완료·실현의 동태조사 了가 동사의 뒤에 쓰입니다.
모두 알고 있는 것은 앞에 위치하고, 불특정한 것이나 새로운 정보 등은 뒤에 위치합니다.
客人来了。 (예정된 손님이 오심.)   来客人了。 (갑작스런 손님이 오심.)

존현문은 언제 사용하나요?

아래 문장을 비교해 보겠습니다.

① 一件衣服挂在衣架上。 한 벌의 옷이 옷걸이에 걸려 있다.
   Yí jiàn yīfu guà zài yījià shang.

② 衣架上挂着一件衣服。 옷걸이에 한 벌의 옷이 걸려 있다.
   Yījià shang guàzhe yí jiàn yīfu.

③ 我的衣服挂在衣架上。 내 옷이 옷걸이에 걸려 있다.
   Wǒ de yīfu guà zài yījià shang.

이 중에서 ①은 다소 어색한 문장입니다. 일반적으로 중국어에서는 ①처럼 불특정하고 막연히 제시된 단어나 구가 주어가 되는 것을 꺼립니다. 이런 경우에 필요한 것이 ②와 같은 존현문인 것이지요. ③의 경우는 나의 옷이라는 구체적인 단어이므로 맞는 표현입니다.

중국어에서는 불특정한 단어(말하는 이, 듣는 이 모두 잘 알지 못하는 불특정한 사람이나 사물)가 주어로 오는 것을 꺼리기 때문에 존현문을 사용합니다.

존현문은 어떻게 사용하나요?

장소 또는 시간 + 동사 + 사람이나 사물

예문
- 北京昨天下了一场大雨。
  Běijīng zuótiān xiàle yì chǎng dàyǔ.
  베이징에는 어제 한바탕 비가 내렸다.

- 前面开来了一辆汽车。 앞에서 한 대의 자동차가 다가온다.
  Qiánmiàn kāilái le yí liàng qìchē.

- 学校门口有一座塔。 학교 입구에 탑 하나가 있다.
  Xuéxiào ménkǒu yǒu yí zuò tǎ.

- 沙发上坐着两个朋友。 소파에 두 명의 친구가 앉아있다.
  Shāfā shang zuòzhe liǎng ge péngyou.

일반적으로 해석할 때 어떤 장소(시간)에 사람 (사물)라는 형식을 취합니다. 곧 의미상의 주어가 뒤에 있다고 보면 됩니다.

또한 존현문 앞에는 장소를 나타내는 말이라 할지라도 절대로 장소 관련 전치사 在, 从 등을 쓸 수 없습니다.

예문
- 黑板上写着几个字。 칠판에 몇 글자가 쓰여 있다.
  Hēibǎn shang xiězhe jǐ ge zì.
  →在黑板上写着几个字。(×)

존현문의 부정형식

동사 앞에 没를 사용하며, 이 경우 목적어 앞에 수량사조가 올 필요가 없습니다.

예문
- 公园门口没停着车。
  Gōngyuán ménkǒu méi tíngzhe chē.
  공원 입구에는 차가 세워져 있지 않다.

- 后边没来车。
  Hòubiān méi lái chē.
  뒤에서는 차가 오고 있지 않다.

> **존현문의 형태**

(1) 존재를 표현하는 존현문

~에 ~이 있다라는 의미를 나타내며 일반적으로 有를 사용합니다. 동사 뒤에 着가 붙는 경우가 많습니다.

예문
- 屋子里有一台电视。 방 안에는 텔레비전이 한 대 있다.
  Wūzi li yǒu yì tái diànshì.

- 讲台上放着一本书。 교탁 위에 책 한 권이 놓여 있다.
  Jiǎngtái shang fàngzhe yì běn shū.

- 门牌上刻着外国人的名字。 문패에 외국인의 이름이 새겨져 있다.
  Ménpái shang kèzhe wàiguórén de míngzi.

- 墙上挂着一张地图。 벽에 지도 한 장이 붙어 있다.
  Qiángshang guàzhe yì zhāng dìtú.

着는 동사 뒤에 붙어 동작의 진행이나 지속되는 상황을 나타냅니다.

예문
- 他吃着呢。 그는 먹고 있다.
  Tā chīzhe ne.

- 屋子里放着很多书。 집 안에는 많은 책들이 놓여 있다.
  Wūzǐ li fàngzhe hěn duō shū.

(2) 출현을 표현하는 존현문

보통 동사 뒤에 了 또는 방향보어 등이 붙어 어떤 사물이나 사람의 출현이 가까이 다가옴을 나타냅니다.

예문
- 上午来了宋老师。 오전에 송 선생님이 오셨다.
  Shàngwǔ láile Sòng lǎoshī.

- 前面走过来一位老人。 앞에 노인 한 분이 걸어온다.
  Qiánmiàn zǒu guòlai yí wèi lǎorén.

- 从那边飞过来一只天鹅。 그 쪽에서 백조 한 마리가 날아온다.
  Cóng nà biān fēi guòlai yì zhī tiān'é.

(3) 소실을 표현하는 존현문

보통 동사 뒤에 了 또는 방향보어 등이 붙어서 어떤 사물이나 사람의 소실 혹은 멀어져감을 나타냅니다. 자주 쓰이는 동사로는 走, 丢, 死, 跑, 漏 등이 있습니다.

- 这个句子里漏了三个字。 이 문장 속에서는 세 글자가 빠져 있다.
  Zhège jùzi li lòule sān ge zì.

- 班里少了两名学生。 반에 학생 두 명이 빠져 있다.
  Bānli shǎole liǎng míng xuésheng.

※존현문처럼 주어가 뒤에 위치하는 문장이 갖는 느낌!

朋友来了。 기다리던 친구가 왔다. → 이미 기대하고 있었던 친구
来朋友了。 뜻밖의 친구가 왔다. → 예상치 못했던 친구

위와 같이 주어를 뒤에 쓰면 예상치 못했던 사람이나 사물이 출현했음을 나타내는 느낌을 줍니다.
朋友来了。 앞에 有를 붙여 有朋友来了。가 되면 예상치 못한 친구가 왔음을 표현합니다.

존현문과 겨루기

문제 01 다음 문장에서 틀린 곳을 찾아 바르게 고치세요.

(1) 一幅画儿挂着房间里。
→

(2) 前面开过来那辆汽车。
→

(3) 在天上出现了太阳。
→

문제 02 A, B, C, D 중 주어진 단어가 들어갈 적당한 위치를 고르세요.

(1) ⓐ 后面 ⓑ 走过 ⓒ 三个人 ⓓ 。(来)

(2) ⓐ 昨天 ⓑ 我们班 ⓒ 一个同学 ⓓ 。(走了)

문제 03 괄호 속에 들어갈 알맞은 글자를 쓰세요.

(1) 门牌上刻(　　　)外国人的名字。

(2) 前面走过(　　　)一位老人。

특수문장

9장 접속사와 복문

접속사와 복문은 무엇입니까?

접속사는 연사(连词 liáncí)라고도 하며 단어, 단어의 결합, 문장 등을 연결하여 원인, 결과, 전환, 조건, 가정, 선택 등을 표시하는 기능을 하는 말합니다. 이중에서 두 개 이상의 문장으로 이어진 것을 복문이라고 합니다.

접속사

기본형식 단어 + 접속사 + 단어

기본형식 문장 + 접속사 + 문장 (복문)

접속사와 복문

접속사란 무엇입니까?

중국어로는 연사(连词)라고도 하며 단어나 문장 등을 연결하여 원인, 결과, 전환, 조건, 가정, 선택 등을 표시하는 기능을 하는 말합니다.

> 단어연결 : 小张和小李真是好朋友。 장 군과 이 군은 정말 좋은 친구이다.
> Xiǎo Zhāng hé Xiǎo Lǐ zhēn shì hǎo péngyou.
>
> 문장연결 : 因为下大雪，所以不能爬山。 눈이 많이 내려서, 등산을 할 수 없다.
> Yīnwèi xià dàxuě, suǒyǐ bù néng pá shān.

복문이란 무엇입니까?

각각 홀로 쓰일 수 있는 두 개 이상의 문장이 이어진 문장을 말합니다.

 홀로 쓰일 수 있는 문장은 단문이라고 합니다.

낱말이나 구를 이어주는 접속사

| 和 hé | 跟 gēn | 并 bìng | 与 yǔ | 或 huò (或者 huòzhě) |

(1) 和는 명사 뿐만 아니라 동사도 연결할 수 있는데 이 때 목적어는 같은 것이어야 합니다.

예문
- 我们应该关心和帮助别人。
  Wǒmen yīnggāi guānxīn hé bāngzhù biérén.
  우리는 마땅히 타인에게 관심을 갖고 도와야 한다.

- 老师总是表扬和鼓励我。 선생님은 늘 나를 칭찬하고 격려해주신다.
  Lǎoshī zǒngshì biǎoyáng hé gǔlì wo.

(2) 跟은 연합관계를 나타내며 ~와로 해석합니다. 사용 빈도는 和 다음으로 많습니다.

예문
- 我们跟爸爸骑自行车去江边。
  Wǒmen gēn bàba qí zìxíngchē qù jiāngbiān.
  우리와 아빠는 자전거를 타고 강변에 갔다.

(3) 并은 일반적으로 동일한 목적어를 갖는 이음절 동사나 형용사를 연결할 때 사용합니다.

예문
- 她安排并进行了义卖。 그녀는 자선 바자회를 계획하고 진행했다.
  Tā ānpái bìng jìnxíng le yìmài.

(4) 与는 명사나 대사를 병렬시켜주고, 和와 跟과는 달리 서면어에서 많이 사용합니다.

예문
- 半导体与手机在出口产品中占30%的比率。
  Bàndǎotǐ yǔ shǒujī zài chūkǒu chǎnpǐn zhōng zhàn bǎifēnzhī sānshí de bǐlǜ.
  반도체와 휴대전화는 수출상품 중 30%의 비율을 차지하고 있다.

(5) 或(或者)는 혹은, 또는, ~하거나라는 뜻입니다.

예문
- 太极拳或者羽毛球都是对身体很有好处的运动。
  Tàijíquán huòzhě yǔmáoqiú dōu shì duì shēntǐ hěn yǒu hǎochù de yùndòng.
  태극권 혹은 배드민턴은 몸에 매우 유익한 운동이다.

- 星期天他去教堂或者去看望母亲。
  Xīngqītiān tā qù jiàotáng huòzhě qù kànwàng mǔqīn.
  일요일에 그는 교회에 가거나 어머니를 찾아뵌다.

접속사를 사용하는 복문

다음은 복문에서 자주 사용되는 접속사들입니다.

| 因为 yīnwèi, | 所以 suǒyǐ, | 于是 yúshì, | 因此 yīncǐ, | 虽然 suīrán, |
| 如果 rúguǒ, | 不管 bùguǎn, | 尽管 jǐnguǎn, | 不过 búguò | |

(1) 원인과 결과를 나타내는 복문

앞 문장이 원인이 되어 뒷 문장의 결과가 나타나게 되었음을 의미합니다

| 因为……所以 yīnwèi … suǒyǐ | 由于……因此 yóuyú … yīncǐ |
| 既然……就 jìrán … jiù | |

① 因为……所以 ~때문에, 그래서 / 由于……因此 ~때문에, 이로 인해
因为와 由于는 앞 절에 쓰여 원인을, 所以와 因此는 뒷 절에 쓰여 결과를 나타냅니다.

예문
- 因为下大雪，所以不能爬山。 큰 눈이 내려서 등산을 할 수 없다.
  Yīnwèi xià dàxuě, suǒyǐ bù néng pá shān.

- 因为空气污染，人们都戴口罩。
  Yīnwèi kōngqì wūrǎn, rénmen dōu dài kǒuzhào.
  공기오염 때문에 사람들은 마스크를 착용한다.

- 由于发生了车祸，因此交通堵塞得很厉害。
  Yóuyú fāshēng le chēhuò, yīncǐ jiāotōng dǔsè de hěn lìhai.
  자동차 사고가 있어서 교통이 매우 막힌다.

② 既然 …… 就 기왕에 ~했으니
既然은 사실을 설명하고, 就는 앞의 사실에 근거한 주관적 판단을 나타냅니다.

예문
- 既然他替你去，你就不用去了。
  Jìrán tā tì nǐ qù, nǐ jiù búyòng qù le.
  기왕 그가 너를 대신하여 갔으니, 너는 안 가도 된다.

- 既然你来了，就和大家一起商量吧
  Jìrán nǐ lái le, jiù hé dàjiā yìqǐ shāngliang ba.
  기왕 네가 왔으니, 다 함께 상의해보자.

③ 因为 / 由于 ~때문에
뜻은 같지만 因为가 앞 문장, 뒷 문장에 자유롭게 쓰일 수 있는 반면, 由于는 앞 문장에만 쓰입니다. 因为는 주로 所以와 결합하고, 由于는 주로 因此와 결합합니다.

예문
- 在那里自行车骑不快，因为那里人山人海。
  Zài nàli zìxíngchē qí bu kuài, yīnwèi nàli rénshān rénhǎi.
  그곳은 자전거가 빨리 달릴 수 없는데, 왜냐하면 사람이 많기 때문이다.

  →那里自行车骑不快，由于人山人海。(×)

(2) 순접 기능의 접속사가 있는 복문
앞, 뒤 문장이 원인이나 시간적 순서에 의해 순차적으로 이루어짐을 의미합니다.

所以 suǒyǐ, 而 ér, 然后 ránhòu

① 所以 그래서 / 而 ~하고 / 然后 ~하고 나서

예문 • 我生病了，所以请假了。 그는 병이 나서 병가를 냈다.
　　　Wǒ shēngbìng le, suǒyǐ qǐng jià le.

② 而은 서술어나 문장을 이어주는 역할을 하며 순접과 역접 모두 가능합니다.

예문 • 他是勤奋而聪明的学生。 그는 근면하고 총명한 학생이다.
　　　Tā shì qínfèn ér cōngming de xuésheng.

③ 然后 그러고 나서, 그리고

예문 • 她先到了邮局，然后到了图书馆。
　　　Tā xiān dàole yóujú, ránhòu dàole túshūguǎn.
　　　그녀는 먼저 우체국에 간 후, 도서관에 갔다.

(3) 역접 기능의 접속사를 사용하는 복문
　　뒷 문장의 내용이 앞 문장의 내용이 어느 정도 반대되는 의미를 갖고 있습니다.

但是 dànshì,　可是 kěshì,　不过 búguò,　而是 érshì

① 但是 / 可是 그러나
　但是는 서면어에서, 可是는 구어체에서 많이 쓰입니다.

예문 • 我邀请她，可是她没来。 내가 그녀를 초대했으나 그녀는 오지 않았다.
　　　Wǒ yāoqǐng tā, kěshì tā méi lái.

② 但是, 不过 ~하기는 하지만
　일반적으로 앞 문장의 내용을 어느 정도 긍정하면서, 다소 부정적인 부분을 말하고자 할 때 쓰입니다.

예문 • 这本书好是好，但是价格太贵了。
　　　Zhè běn shū hǎo shì hǎo, dànshì jiàgé tài guì le.
　　　이 책은 좋기는 좋은데 가격이 너무 비싸다.

　　　• 这种雨伞价格便宜，不过质量有点问题。
　　　Zhè zhǒng yǔsǎn jiàgé piányi, búguò zhìliàng yǒudiǎn wèntí.
　　　이 우산은 가격은 저렴하나 품질은 약간 문제가 있다.

③ 而是는 보통 不是……而是……의 형태로 많이 쓰여 ~이 아니고 ~이다
　의 의미를 지닌다.

예문 • 他们不是日本人，而是韩国人。 그들은 일본인이 아니고 한국인이다.
　　　Tāmen búshì Rìběnrén, érshì Hánguórén.

(4) 전환 기능의 접속사를 사용하는 복문

어떤 사건이나 사실이 존재하거나 앞으로 예상된다 할지라도 이에 반하는 또 다른 것이 발생할 수 있음을 나타낼 때 사용합니다.

> 虽然 …… 但是 suīrán … dànshì, 尽管 …… 也 jǐnguǎn … yě

① 虽然……但是 비록 ~이지만, (그러나) ~하다

예문 ▸ 他**虽然**没有大学文凭，**但是**很有才能。
Tā suīrán méiyǒu dàxué wénpíng, dànshì hěn yǒu cáinéng.
그는 비록 대학교 졸업장은 없지만 매우 재능이 있다.

② 尽管……也 비록 ~이지만, ~하다

예문 ▸ 数学**尽管**没什么用，**但也**要学。
Shùxué jǐnguǎn méi shénme yòng, dàn yě yào xué.
수학은 설령 쓰임이 많지 않더라도 배워야 한다.

(5) 조건 기능의 접속사를 사용하는 복문

앞 문장의 조건이 충족되면 뒷 문장의 내용이 실현됨을 나타냅니다.

> 除非…… chúfēi…, 只要……就 zhǐyào…jiù, 只有……才 zhǐyǒu…cái, 一……就…… yī…jiù, 不管…… bùguǎn…

① 除非 ~하지 않는 한

없어서는 안 될 유일한 조건을 나타냅니다.

예문 ▸ **除非**出现奇迹，否则你们队赢不了我们队。
Chúfēi chūxiàn qíjì, fǒuzé nǐmen duì yíng bu liǎo wǒmen duì.
기적이 생기지 않는 한 너희 팀은 우리 팀을 이길 수 없다.

▸ **除非**临时有事，这个活动我一定参加。
Chúfēi línshí yǒu shì, zhège huódòng wǒ yídìng cānjiā.
갑자기 급한 일만 생기지 않는다면 이 행사에 나는 꼭 참가해야 한다.

② 只要……就 ~하기만 하면, 반드시

예문 ▸ **只要**她喜欢**就**可以了。 그녀가 좋다고하면 된 것이다.
Zhǐyào tā xǐhuan jiù kěyǐ le.

▸ 你**只要**一直往前走，**就**能找到地铁站。
Nǐ zhǐyào yìzhí wǎng qián zǒu, jiù néng zhǎodào dìtiězhàn.
앞으로 곧장 가면, 지하철역을 찾을 수 있다.

똑소리 나는 쉬운 중국어 어법

③ 只有 …… 才 ~해야만, 비로소 ~이다
只有가 제시하는 조건을 만족시켜야만, 才가 이끄는 결과가 발생함을 나타냅니다.

예문
- 只有他推荐，才能在那个单位工作。
  Zhǐyǒu tā tuījiàn, cái néng zài nà ge dānwèi gōngzuò.
  반드시 그의 추천이 있어야만, 그 회사에서 일할 수 있다.

- 只有星期天，我才不上课。
  Zhǐyǒu xīngqītiān, wǒ cái bú shàng kè.
  일요일에만, 나는 비로소 수업하러 가지 않는다.

④ 一……就 일단 ~하기만 하면 곧 ~하다

예문
- 一有足球比赛的消息，他就会去球场看比赛。
  Yì yǒu zúqiú bǐsài de xiāoxi, tā jiù huì qù qiúchǎng kàn bǐsài.
  그는 축구 경기 소식만 있으면 바로 축구장에 가서 경기를 관람한다.

- 他一喝酒就醉。 그는 술만 마시면 바로 취한다.
  Tā yì hē jiǔ jiù zuì.

⑤ 不管 ~하든지 간에

예문
- 不管天气好不好，大家都要参加春游。
  Bùguǎn tiānqì hǎo bu hǎo, dàjiā dōu yào cānjiā chūnyóu.
  날씨가 좋든 나쁘든, 모두들 봄 소풍에 참여해야 한다.

- 不管生在哪里，人都平等。 어디에서 태어나든지 사람은 모두 평등하다.
  Bùguǎn shēng zài nǎli, rén dōu píngděng.

※ 尽管과 不管의 차이
- 尽管 사실을 나타냄
  설사 ~일지라도라는 전환 관계를 표시하며, 주로 可是, 然而, 还是, 仍然, 却 등과 호응합니다
- 不管 가정을 나타냄
  ~하든지 간에라는 조건 관계를 표시하며, 주로 都(也)나 임의의 지칭 什么, 怎么 등과 호응합니다

예문
- 尽管工资不多，我还是愿意当护士。
  Jǐnguǎn gōngzī bù duō, wǒ háishi yuànyi dāng hùshi.
  설사 월급이 많지 않아도 나는 간호사가 되기를 원한다.

- **不管**工资多不多，我**都**愿意当护士。
  Bùguǎn gōngzī duō bu duō, wǒ dōu yuànyi dāng hùshì.
  월급이 많든 적든 나는 간호사가 되기를 원한다.

(6) 가정 기능의 접속사를 사용하는 복문
앞 문장에서 발생할 수 있는 일을 전제한 후, 뒷 문장에서 그런 상황이 되었을 때 해야 할 일을 나타냅니다.

| 如果 rúguǒ,　即使 jíshǐ,　要是 yàoshi |

① **如果** 만약 ~라면

예문 ▶ **如果**下大雪，我们要推迟滑冰比赛。
Rúguǒ xià dàxuě, wǒmen yào tuīchí huábīng bǐsài.
만약 많은 눈이 내린다면 우리는 스케이트 경기를 연기해야 한다.

② **即使** 설사 ~라 할지라도

예문 ▶ **即使**我们名列第一，也不应该骄傲。
Jíshǐ wǒmen mínglié dì yī, yě bù yīnggāi jiāo'ào.
설사 우리가 1등을 한다 해도, 교만해서는 안된다.

③ **要是** 만약 ~라면

예문 ▶ **要是**我是你的话，一定买那种迷你裙。
Yàoshi wǒ shì nǐ dehuà, yídìng mǎi nà zhǒng mǐnǐqún.
만약 내가 너라면 그 미니스커트를 구입할 것이다.

(7) 첨가 기능의 접속사를 사용하는 복문
~할 뿐만 아니라, 또~하다라는 뜻으로 어떤 상황이 더 심화되거나 첨가됨을 나타냅니다.

| 不但……而且 búdàn … érqiě |

- 她的法语**不但**发音准确，**而且**字也写得漂亮。
  Tā de Fǎyǔ búdàn fāyīn zhǔnquè, érqiě zì yě xiě de piàoliang.
  그녀의 프랑스어는 발음이 정확할 뿐만 아니라 글씨도 매우 예쁘게 쓴다.

- 这个东西**不但**价格便宜，**而且**质量好。
  Zhège dōngxi búdàn jiàgé piányi, érqiě zhìliàng hǎo.
  이 물건은 가격이 저렴할 뿐만 아니라 품질도 좋다.

(8) 선택 기능의 접속사를 사용하는 복문

두 개 이상의 상황에서 선택될 수 있는 것들을 나타냅니다

或者 huòzhě,　还是 háishi,　不是……就是 búshì … jiùshì

① 或者 / 还是 ~하거나, 혹은
或者는 단어, 문장 모두를 연결하지만 还是는 단어 연결 기능이 없습니다. 의문문에서 선택을 표시하는 경우에는 还是만을 사용합니다.

예문
- 周末他一般在家休息或者见朋友。
  zhōumò tā yìbān zài jiā xiūxi huòzhě jiàn péngyou.
  주말에 그는 보통 집에서 쉬거나 친구를 만난다.

- 你要喝可乐还是喝汽水? (○) 너는 콜라가 좋니? 사이다가 좋니?
  Nǐ yào hē kělè háishi hē qìshuǐ?

  →你要喝可乐或者喝汽水? (×)

선택을 나타내는 의문문에서는 还是만 써야 합니다.

② 不是……就是는 고정된 형식으로 많이 쓰여 앞에 것이 아니면 곧 뒤에 것이다 혹은 둘 중 하나는 참이다라는 뜻을 지닙니다.

예문
- 他不是大夫，就是护士。 그는 의사가 아니고 간호사이다.
  Tā búshì dàifu, jiùshì hùshi.

- 他不是玩电子游戏，就是打太极拳。
  Tā búshì wán diànzi yóuxì, jiùshì dǎ tàijíquán.
  그는 전자오락을 하거나 아니면 태극권을 한다.

(9) 열거 기능의 접속사를 사용하는 복문

일반적으로 앞 문장에 제시된 상황에 대한 예를 나열합니다.

比方 bǐfāng, 比如 bǐrú

① 比方 예를 들어

예문
- 比方说，希腊，意大利，以色列属于地中海国家。
Bǐfāng shuō, Xīlà, Yìdàlì, Yǐsèliè shǔyú Dìzhōng Hǎi guójiā.
예를 들어 그리스, 이탈리아, 이스라엘은 지중해에 속한 국가들이다.

② 比如 예를 들어

예문
- 唐朝有名的诗人很多，比如说，李白，杜甫，王维等。
Tángcháo yǒumíng de shīrén hěn duō, bǐrúshuō, Lǐ Bái, Dù Fǔ, Wáng Wéi děng.
당 시대에는 유명한 시인들이 많았는데, 예를 들면 이백, 두보, 왕유 등이 있다.

(10) 서술어병렬 기능의 접속사를 사용하는 복문

서술어를 병렬하여 두 가지 동작이 같이 이루어짐을 나타냅니다.

一边…… 一边…… yìbiān … yìbiān …, 又……又…… yòu … yòu …

① 一边……一边…… ~하면서 ~하다

예문
- 他一边接电话一边看电视。
Tā yìbiān jiē diànhuà yìbiān kàn diànshì.
그는 전화를 받으면서 텔레비전을 본다.

② 又……又…… ~하면서 ~하다

예문
- 这种水果又便宜又好吃。 이런 과일은 가격이 저렴하면서도 맛있다.
Zhè zhǒng shuǐguǒ yòu piányi yòu hǎochī.

접속사와 복문과 겨루기

문제 01 다음 문장에서 틀린 곳을 찾아 바르게 고치세요.

(1) 只有努力学习，就能学好英语。
→

(2) 他喜欢打乒乓球还是羽毛球。
→

(3) 既然他替你去，就你不用去吧。
→

(4) 那里自行车骑不快，由于人山人海。
→

(5) 我生病了，但是请假了。
→

문제 02 A, B, C, D 중 주어진 단어가 들어갈 적당한 위치를 고르세요.

(1) 既然你 ⓐ 来了，ⓑ 和大家 ⓒ 一起 ⓓ 商量吧。(就)

(2) ⓐ 有 ⓑ 足球比赛 ⓒ 消息，ⓓ 他就去比赛场看比赛。(一)

문제 03 괄호 속에 들어갈 알맞은 글자를 쓰세요.

(1) 他是个努力(　　　)聪明的学生 。

(2) (　　　)没有大学文凭，但是他很有才能。

(3) (　　　)工资不多，我还是愿意当护士。

(4) 这个东西不但价格很便宜，(　　　)质量也不错。

정답 및 해설

기본문장

1장   是 / 的 / 在 / 有 문장

문제 01

(1) 해석: 그는 의사가 아니야.

是자문의 부정은 是 앞에 부정사 不를 사용합니다.

→ 他不是大夫。

(2) 해석: 나는 친구가 없어.

有자문의 부정은 동사 有 앞에 没를 사용합니다.

→ 我没有朋友。

(3) 해석: 그 사람 의사니 아니니?

是不是 형태가 이미 의문의 기능을 가지므로 문장 끝에 의문사 吗를 또 사용할 필요가 없습니다.

→ 他是不是大夫?

문제 02

(1) 정답: ⓒ

해석: 최근에 그의 중국어 실력은 눈에 띄게 향상되었어.

有가 새로운 상황의 발생이나 출현을 표현할 때는 변화를 나타내는 了를 동반하여 '명사성 어휘+有(了)+동사/명사'의 어순을 이룹니다.

→ 最近，他的汉语有了明显的进步。

문제 03

(1) 정답: 的

해석: 그 책은 그 사람 것이야.

'A는 B의 것이다.' 또는 'A는 B의 성질을 가진 같은 것이다.'를 표현할 때 'A是B的。'의 형식을 사용하면 됩니다.

→ 那本书是他的。

(2) 정답: 里

해석: 옷은 옷장에 있어.

보통명사를 장소를 나타내는 말로 바꾸려면 보통명사 뒤에 방위사 또는 지시대사 这儿, 那儿 등을 써줍니다.

→ 衣服在衣柜里。

2장   동사 술어문

문제 01

(1) 해석: 나는 이 양과 결혼하고 싶어.

일반적으로 이합사는 이미 목적어를 포함하고 있기 때문에 그 뒤에 목적어가 또 올 수 없습니다. 이것을 방지하기 위해 새로운 목적어는 전치사 跟을 이용하여 앞으로 빼주어야 합니다.

→ 我想跟李小姐结婚。

(2) 해석: 미안해요, 당신을 번거롭게 했네요.

添은 사람・사물 목적어를 한번에 취할 수 있는 동사가 아니므로 '给+사람+동사+목적어'의 형식으로 바꿔 주어야 합니다.

→ 对不起，给你添麻烦。

(3) 해석: 그는 매일 8시에 일을 시작한다.
동사는 목적어 앞에 와야 합니다.
→ 他每天八点开始工作。

(4) 해석: 너는 이 양을 좀 도와주어야 한다.
帮忙은 이합사이므로 전치사를 이용해 목적어를 앞으로 이동시키거나, 이합사 중간에 '목적어+的'의 형식으로 목적어가 위치해야 합니다.
→ 你要帮李小姐的忙。

(5) 해석: 우리 같이 춤춰요.
이합사의 중복 형태는 AAB입니다.
→ 我们一起跳跳舞吧。

문제 02

(1) 정답: ⓑ
해석: 내 여자 친구는 내게 옷 한 벌을 사줬다.
동사+了 → 동작의 완료를 나타내며 이 경우 뒤에 오는 목적어는 아래와 같이 수식 또는 부가성분 등을 동반해야 합니다. (만약 买了衣服와 같이 쓰이면 '~을 샀는데' 정도에 해당되어 불완전한 문장이 됩니다.)
→ 我的女朋友给我买了一件衣服。
　我的女朋友给我买衣服了。

了의 쓰임
문장 끝에 了 → 새로운 상황의 출현이나 문장이 완결되었음을 나타냅니다. 뒤에 있는 목적어에 수식성분이 있으면 了는 동사 뒤에 쓰여야 합니다.

(2) 정답: ⓓ
해석: 간호사가 그에게 주사를 놓았다.
동사 뒤에 오는 목적어가 단순한 성격을 띠면 了는 목적어 뒤에서 문장의 완결을 표시해야 합니다.
→ 护士给他打针了。

문제 03

(1) 정답: 教
해석: 신 선생님은 우리에게 중국어를 가르치신다.
사람 혹은 사물 목적어를 함께 취할 수 있으며 '가르치다'라는 뜻을 지닙니다.
→ 申老师教我们汉语。

(2) 정답: 骑
해석: 그는 매일 자전거를 타고 출근한다.
자전거, 오토바이, 말 등을 '타다'라는 의미를 나타낼 때는 骑를 씁니다.
→ 他每天都骑自行车去上班。

장 시제를 나타내는 문장

문제 01

(1) 해석: 나는 그와 함께 왔다.
是……的 강조 구문으로 과거의 방식을 강조하고 있습니다.
→ 我是跟他一起来的。

(2) 해석: 그녀는 나에게 넥타이 하나를 사주었다.
동작의 완성을 나타낼 때는 '동사+了+수식어가 있는 목적어'의 형식을 취합니다.
→ 她给我买了一条领带。

(3) 해석: 그녀는 지금 친구에게 편지를 쓰는 중이다.
진행을 나타내는 正在는 전치사 앞에 위치해야 합니다.
→ 她正在给朋友写着信呢。

(4) 해석: 어렸을 적에 나는 자주 스키를 타러 갔다.
과거의 일이더라도 常常처럼 반복적이고 습관적으로 일어난 일에는 了는 붙이지 않습니다.
→ 小时候，我常常去滑雪。

(5) 해석: 그녀는 시계를 가지고 있지 않다.
상태의 지속을 나타내는 동작에 着가 붙어

있으면 没를 써서 부정합니다.
→ 她没带着表。

문제 02

(1) 정답: ⓑ
해석: 누나는 새 신발 한 켤레를 샀다.
목적어에 수식어가 있고 동작의 완성을 나타낼 때는 동사 뒤에 동태조사 了를 붙입니다.
→ 姐姐买了一双新鞋。

(2) 정답: ⓒ
해석: 그녀는 지금까지 미국에 가본 적이 없다.
과거의 경험을 부정할 때는 '没+동사+过'의 형식을 취합니다.
→ 她从来没去过中国。

문제 03

(1) 정답: 呢
해석: 그들은 농구를 하고 있다.
正(在)를 통해 동작의 진행을 표현하는 문장은 일반적으로 문미에 呢가 옵니다.
→ 他们正打篮球呢。

(2) 정답: 了
해석: 선생님은 곧 오실 거야.
'快要……了'는 가까운 미래를 나타내는 고정 형식입니다.
→ 老师快要来了。

(3) 정답: liǎo
해석: 할 수 있다.
'동사+得了' 형식은 어떤 일에 대한 가능여부를 나타내며 이 때 了는 반드시 'liǎo'라고 읽어주어야 합니다.
→ zuò de liǎo.

4장 능원동사를 이용하는 문장

문제 01

(1) 해석: 그는 내일 가고 싶어하지 않아, 오늘 가고 싶어해.
要(~하고 싶다.)의 부정은 不想입니다. 참고로 不要는 '~하지 마라'라는 의미를 지닙니다.
→ 他不想明天去，要今天去。

(2) 해석: 나 베이징오리구이가 정말 먹고 싶어.
'주어+(정도)부사+조동사+동사'의 순으로 부사는 능원동사 앞에 옵니다.
→ 我非常想吃北京烤鸭。

(3) 정답: 너 휴대전화 사고 싶니 안 사고 싶니?
반복의문문은 동사가 아닌 능원동사의 긍정형과 부정형의 나열을 통해 만듭니다.
→ 你想不想买手机？

문제 02

(1) 정답: ⓑ
해석: 너 나에게 시집오고 싶니? 난 평생 널 행복하게 해줄 수 있는데.
능원동사는 동사 앞에 위치해야 합니다.
[嫁: 시집가다. 출가하다.]
→ 你愿意嫁给我吗？我保证会让你一辈子都幸福。

(2) 정답: ⓒ
해석: 외국 생활이 너무 힘들어서, 그들은 모두 일찍 귀국하고 싶어했다.
능원동사는 부사 뒤에 와야 합니다.
→ 在国外生活真的是太困难了，他们都想早点回国。

(3) 정답: ⓑ
해석: 내 남동생은 밥을 할 줄 모른다.
부정사는 능원동사 앞에 두어야 합니다.

→ 我弟弟不会做饭。

문제 03

(1) 정답: 能

해석: 그녀는 1분 동안 500자를 칠 수 있어.

능력이 일반적인 수준보다 높음을 나타낼 때는 能을 사용합니다.

→ 她一分钟能打五百个字。

5장 형용사 술어문

문제 01

(1) 해석: 너의 얼굴은 정말 희구나.

雪白는 이미 어느 정도 '하얗다'라는 의미를 포함하고 있기 때문에 정도 부사의 수식을 받을 수 없습니다. 정도 보어를 사용하고 싶다면 雪白에서 雪를 생략해야 합니다.

→ 你的脸特别白。

(2) 해석: 어제 나는 일이 바빴어.

서술어가 형용사인 경우 과거의 일이라도 실현을 나타내는 조사 了는 붙일 수 없습니다.

→ 昨天我工作很忙。

(3) 해석: 그는 나의 좋은 친구야.

단음절 형용사(몇몇 이음절 형용사)가 관형어로 쓰이면 的를 넣지 않습니다.

→ 他是我的好朋友。

(4) 해석: 그녀는 간단한 요리를 만들었다.

일반적인 이음절 형용사는 AABB 형태로 중첩합니다.

→ 她做了简简单单的菜。

문제 02

(1) 정답:

해석: 엄마의 눈은 아주 크다.

이음절 형용사는 비교적 몇몇 고정적인 형태를 제외하고는 일반적으로 가운데 的를 넣어서 다른 성분을 수식합니다.

→ 妈妈有一双大大的眼睛。

문제 03

(1) 정답: 里

해석: 나는 그의 흐리멍덩한 모습이 싫어.

A里AB형 중첩은 미움과 경멸의 의미를 포함합니다.

→ 我讨厌他糊里糊涂的样子。

(2) 정답: 很

해석: 그는 어제 많은 CD를 샀다.

'多'나 '少' 등은 단독으로 명사를 수식할 수 없으므로 부사와 함께 써야 합니다.

→ 他昨天买了很多CD。

6장 부사를 이용하는 문장

문제 01

(1) 해석: 그들은 모두 건강하니?

서술어에서 身体가 의미상의 주어 역할을 하므로 부사 都의 위치는 전체 문장의 주어가 아닌 의미상의 주어 身体 뒤에 두어야 합니다.

→ 他们身体都好吗?

(2) 해석: 상하이에는 그 며칠간 비가 계속 내렸어.

一直처럼 동작이 줄곧 지속됨을 나타내는 말이 있을 경우에는 了를 붙이지 않습니다.

→ 上海那几天一直下雨。

(3) 해석: 어렸을 때 나는 자주 스케이트를 타러 갔어.

과거의 일이라도 常常처럼 동작이 반복적(일상적)으로 일어났음을 의미하는 말이 있는 경우에는 了를 쓸 수 없습니다.
→ 小时候，我常常去滑冰。

(4) 해석: 우리는 좀 더 기다려야 해, 바로 안 가.
일부 부사는 부정사를 반드시 부사 앞에 써야 합니다.
→ 我们还要等一会儿，不马上走。

문제 02

(1) 정답: ⓒ
해석: 이 군은 이미 다시는 남자친구를 사귀지 않기로 결심했어.
再는 빈도를 나타내는 부사로 아직 실현되지 않은 동작에 쓰여 '또, 다시'라는 뜻을 나타냅니다. 부정부사가 있으면 그 뒤에 위치합니다.
→ 小李已决定不再找男朋友了。

(2) 정답: ⓑ
해석: 내 생각에 그 사람은 반드시 나를 믿을 거야.
부사는 종속절 안의 주어 他의 뒤, 조동사 会 앞에 와야 합니다.
→ 我觉得他一定会相信我的。

(3) 정답: ⓒ
해석: 이 학교의 시설은 일류이고, 이 학교의 교수 자원 또한 일류입니다.
也는 두 번째 주어 뒤에 위치하여 뒤의 내용이 앞과 같음을 나타내는 역할을 하며 여기서는 두 번째 문장의 주어 뒤, 동사 是 앞에 위치해야 합니다.
→ 这个学校的设施是一流的，这个学校的师资也一样是一流的。

(4) 정답: ⓒ
해석: 나의 노력은 헛것이 아니었어, 나는 결국 바라던 대학에 합격했어.
주어 뒤, 서술어 앞에 위치해야 함.
→ 我的努力没有白费，终于考上理想的大学了。

문제 03

(1) 정답: 才
해석: 나는 오늘 10시 반에 비로소 일어났어.
시간의 늦음을 표현할 때 才를 사용한다.
→ 我今天十点半才起来。

(2) 정답: 就
해석: 그녀는 3살에 이미 피아노를 배우기 시작했어.
3살에 피아노를 배우기 시작한 것은 매우 이른 것이므로, 시간의 이름을 나타내는 就를 사용해야 한다.
→ 她三岁就开始学弹钢琴。

7장 명사 술어문

문제 01

(1) 해석: 우리 반 학생은 30명이다.
명사는 수량사의 수식을 받을 수 있으나 직접 숫자와 결합하지는 않습니다.
→ 我们班有三十个学生。

(2) 해석: 오늘 우리 선생님들은 모두 오시니?
们은 다른 복수를 나타내는 성분들과 함께 쓰이지 않습니다.
→ 今天我们的老师都来吗？

(3) 해석: 선생님은 지금 중국에 계십니다.
국가명이나 지명 뒤에는 방위명사 里를 붙일 수 없습니다.
→ 老师现在在中国。

문제 02

(1) 정답: 上
해석: 그는 소파에서 책을 본다.
在, 去, 来가 명사나 대사를 목적어로 가지려면 명사나 대사를 장소를 나타내는 말로

바꿔줘야 하며, 이런 경우에는 보통 명사 뒤에 방위사를 붙입니다.
→ 他在沙发上看书。

(2) 정답: 那儿
해석: 나는 선생님이 계신 그 곳으로 물건을 가지고 갔다.
在, 来, 去가 명사나 대사를 목적어로 갖기 위해서는 보통 명사 뒤에 방위사를 붙여줍니다.
→ 我要去老师那儿拿东西。

(3) 정답: 一共
해석: 세 차의 물건은 모두 5콰이이다.
'모두'라는 의미를 지닌 부사 一共을 사용합니다.
→ 散货车一共5万块。

8장 대사를 이용하는 문장

문제 01

(1) 해석: 우리가 있는 곳으로 와.
인칭대사나 장소를 나타내지 않는 명사는 这儿, 那儿과 결합하여 장소를 나타냅니다.
→ 到我们这儿来吧。

(2) 해석: 날씨가 어쩌면 이렇게 덥니?
这样, 那样은 관형어, 서술어, 보어로도 쓰일 수 있지만, 这么, 那么는 부사어로만 쓰입니다.
→ 天气怎么热成这样?

문제 02

(1) 정답: ⓒ
해석: 왕 선생님은 어떤 분이셔?
→ 王老师是一个怎样的人?

(2) 정답: ⓒ
해석: 오늘은 어떤 옷을 입으면 좋을까?
'어떤, 어느'를 나타내는 의문대사 哪는 양사와 함께 쓰입니다.
→ 今天穿哪件衣服好呢?

문제 03

(1) 정답: 什么
해석: 그건 무슨 잡지야?
명사 앞에서 명사의 특징을 물을 때는 의문사 什么를 사용합니다.
→ 那是什么杂志?

(2) 정답: 那么
해석: 나는 네가 말하는 것만큼 그렇게 뚱뚱하지 않다.
형용사 胖을 수식해주는 말이 와야 하므로 부사인 那么를 써줍니다.
→ 我没有你说的那么胖。

(3) 정답: 怎么样
해석: 그는 노래하는 게 어떻니?
모습이나 정도를 나타내고, 보어 역할을 하는 怎么样을 써줍니다.
→ 他唱歌唱得怎么样?

9장 수사를 이용하는 문장

문제 01

(1) 0이 앞뒤로 있을 경우 0앞에 마지막 단위는 반드시 읽어야 합니다.
→ 四千零六十

(2) 양사 없이 홀로 쓰이거나 마지막 자리 수의 경우 二을 씁니다.
→ 两百二十二 또는 二百二十二

(3) 여기서 减少는 감소를 뜻하는 단어이므로 배수 一倍를 함께 쓸 수 없습니다. 그러므로 一倍를

一半으로 바꾸어야 합니다.
→ 人口出生率却减少了一半。

(4) 두 자리 수 이상의 숫자는 반드시 끝자리가 0으로 끝나야 多나 来를 사용할 수 있습니다. '35개'를 표현하고 싶다면 左右를 사용하면 됩니다.
→ 三十五个左右

문제 02

(1) 정답: ⓒ
해석: 그는 30여 개의 사과를 샀다.
대략적인 수를 표현하기 위해 수사 뒤에 多를 붙여 그 수보다 많음을 표현할 수 있습니다.
→ 他买了三十多个苹果。

문제 03

(1) 정답: 点
→ 零点二

(2) 정답: 又
→ 五又三分之一

10장 양사를 이용하는 문장

문제 01

(1) 해석: 나는 그 사람에게 세 번을 물었어.
목적어가 대사일 경우의 동량사의 위치는 '동사+목적어(대사)+동량사'입니다.
→ 我问过他三次。

(2) 해석: 거기에 사전 한 권이 있어.
책이나 사전 등을 셀 때의 양사는 本입니다.
→ 那儿有一本词典。

(3) 해석: 나 그 영화 두 번 봤어요.

趟은 왕래의 횟수를 나타내는 양사로 쓰입니다. 영화를 처음부터 끝까지 보았다는 의미의 '차례, 번'은 遍을 사용합니다.
→ 那部电影我看了两遍。

(4) 해석: 이 선생님은 세 시간 동안 말씀하셨다.
목적어가 있을 경우 시량사는 '동사+목적어+동사+시량사'의 위치에 옵니다.
→ 李老师讲话讲了三个小时。

문제 02

(1) 정답: ⓒ
해석: 그는 한 시간 동안 휴식을 취했다.
'시' 단위의 시간의 양을 표현할 때는 양사를 숫자와 시간의 단위 사이에 써야 합니다.
→ 他休息了一个小时。

문제 03

(1) 정답: 件
해석: 나는 어제 옷 세 벌을 샀다.
옷을 세는 양사는 件을 써줍니다.
→ 我昨天买了三件衣服。

(2) 정답: 下
해석: 제가 여러분께 소개 좀 하겠습니다.
구체적인 동작의 횟수나 어떤 동작을 시도해 봄을 표현할 때는 동량사를 사용해야 합니다.
→ 我给大家介绍一下。

11장 전치사를 이용하는 문장

문제 01

(1) 해석: 도서관은 여기에서 멀지 않다.
시간이나 장소의 시작점을 나타낼 때는 离를 사용하며, 보통 '거리가 어떠하다'라는 서술어를 동반합니다.
→ 图书馆离这儿不太远。

(2) 해석: 그는 나에게 매우 깍듯하게 행동해.
对于 뒤에는 사람을 나타내는 대상이 오지 않으며, 사람을 나타내는 대상이 올 경우에는 对于 대신 对를 써서 표현합니다.
→ 他对我很客气。

문제 02

(1) 정답: Ⓐ
해석: 그는 도서관에서 책을 본다.
이 문장에서 '在'는 전치사로서 '~에서'의 의미를 나타냅니다.
→ 他在图书馆看书。

문제 03

(1) 정답: 在
해석: 내 남동생은 일본에서 유학을 한다.
장소를 나타내는 전치사 在가 '일본'이라는 명사 앞에 와야 합니다.
→ 我的弟弟在日本留学。

(2) 정답: 跟
해석: 나는 선생님과 대학진학 문제를 상의하려 한다.
'~와 함께'라는 의미를 지닌 跟을 써줍니다.
→ 我想跟老师商量上大学的问题。

(3) 정답: 除了
해석: 축구 외에 그는 농구와 탁구도 좋아한다.
'~를 제외하고는, ~이외의'라는 뜻을 지니는 除了……以外를 써주어 그가 축구 외에도 농구와 탁구도 좋아함을 나타냅니다.
→ 除了足球以外，他还喜欢篮球和乒乓球。

 12장 의문문

문제 01

(1) 해석: 그녀도 역시 중국어를 배우나요?
'긍정+부정' 형태의 의문문에서는 也, 都 등의 부사를 사용할 수 없습니다.
→ 她也学汉语吗?
  她学不学汉语?

(2) 해석: 이 MP3 살 거예요 안 살 거예요?
조동사가 있을 때는 조동사를 '긍정+부정' 형태로 나타내 의문을 표현합니다.
→ 你要不要买这个MP3?

(3) 해석: 그는 미국인인가요?
'긍정+부정'의 의문문일 경우에는 吗를 함께 쓰지 않습니다.
→ 他是不是美国人?
  他是美国人吗?

(4) 해석: 너 어떻게 된 거니?
의문사가 쓰일 경우에는 吗가 올 수 없습니다.
→ 你怎么了?

문제 02

(1) 정답: Ⓒ
해석: 당신은 우리와 함께 여행갈 수 있나요?
也, 都 등이 '긍정+부정' 형태 의문문의 뒷부분에 위치할 경우에는 사용 가능합니다.
→ 您是不是也跟我们一起去旅行?

(2) 정답: Ⓓ
해석: 이곳에서부터 너희 집까지는 얼마나 머니?
多를 사용한 특수 의문문으로 '多+단음절 형용사'의 형태로 많이 쓰여 '얼마나'라는 뜻을 나타냅니다.
→ 从这儿到你家多远呢?

문제 03

(1) 정답: 呢

해석 A : 너는 어느 나라 사람이니?
B: 나는 한국 사람이야, 너는?

상대방이 한 질문을 똑같이 상대방에게 물어볼 때는 문장 끝에 呢를 사용하여 '~는?'의 어감을 나타냅니다.

→ A：你是哪国人？
B：我是韩国人，您呢？

(2) 정답: 什么

해석: 월드컵 축구 대회는 언제 시작하니?

'언제'에 해당하는 의문사는 什么时候를 씁니다.

→ 世界杯足球比赛什么时候开始？

(3) 정답: 哪

해석: 어느 분이 미국인입니까?

哪는 '어느'라는 뜻으로 보통 뒤에 양사가 옵니다. 여기서는 位와 어울려 '어느 분'이라는 뜻을 나타냅니다.

→ 哪位是美国人？

13장 명령문과 감탄문

문제 01

(1) 해석: 저를 따라 오세요.

请은 문장 앞에 쓰여 부드러운 권유나 명령을 나타냅니다.

→ 请跟我来。

(2) 해석: 담배 피우지 마세요.

행동을 제지하는 명령문에서는 일반적으로 吧를 사용하지 않습니다.

→ 别抽烟。

문제 02

(1) 정답: ⓓ

해석: 황산의 풍경이 얼마나 아름다운가!

多么는 형용사 앞에 쓰여 감탄을 나타냅니다.

→ 黄山的风景多么美呀！

(2) 정답: ⓓ

해석: 맥주 좀 가져다 주세요.

명령문처럼 미래를 나타내는 문장에서의 来는 문장 끝에 사용해야 합니다.

→ 请拿啤酒来。

문제 03

(1) 정답: 多么

해석: 얼마나 아름다운가!

'多么'는 형용사 앞에 쓰여 감탄문을 만들어주는 기능을 합니다.

→ 多么漂亮啊！

(2) 정답: 不要/不用

해석: 격식 차리지 마세요.

행동을 제지할 때 동사의 앞에는 别나 不要를 붙여 줍니다.

→ 别客气。= 不要/不用客气。

조사를 이용하는 문장

문제 01

(1) 해석: 넌 아주 잘했어. 난 너에 대해 지금까지 실망해 본 적이 없어.

정도보어는 구조조사 得를 사용해야 합니다.

→ 你做得很好，我对你从来没失望过。

(2) 해석: 난 서점에 안 갈 거야.

부정형에서는 동태조사 了를 사용하지 않

만, 어기조사 了는 가능합니다.
→ 我不去书店了。

(3) 해석: 나 수영할 줄 알아.
조동사 뒤에는 了를 쓰지 않습니다.
→ 我会游泳。

문제 02

(1) 정답: ⓓ
해석: 이런 종류의 물품은 중국 북방지역에서 생산되는 것이다.
'是……的' 구문을 나타내는 문장으로 강조하고자 하는 내용을 '是……的' 사이에 넣어 표현하면 됩니다.
→ 这种产品是中国北方地区所生产的。

(2) 정답: ⓒ
해석: 나는 옷 세 벌을 샀어.
동태조사 了는 동사 바로 뒤에 써야 합니다.
→ 我买了三件衣服。

(3) 정답: ⓑ
해석: 그들은 보고 또 봐도 별다른 반응이 없었다.
동사 중첩 시 '동사+了+동사'의 형식으로 표현할 수 있습니다.
→ 他们看了看也没什么反应。

문제 03

(1) 정답: 呢
해석: 그 사람 지금 보고 있어.
현재 진행을 표시하는 '正……呢' 구조를 사용하세요.
→ 他正看着呢。

(2) 정답: 地
해석: 출퇴근의 최고조 시간에는 조심해서 천천히 운전해야 한다.
형용사가 부사어가 되어 동사를 수식할 때는 地를 사용해야 합니다.
→ 上下班高峰期，开车要小心，慢慢地开。

(3) 정답: 啊
해석: 가엾기도 해라!
감탄을 나타내는 어기를 표현하는 啊를 사용합니다.
→ 多可怜啊！

특수문장

 1장 결과보어를 이용하는 문장

문제 01

(1) 해석: 너희들은 작업 안배가 끝났니 안 끝났니?
여기서 好는 '좋다'라는 뜻이 아니라 동사 뒤에 쓰여 동작이 끝난 상태가 양호함을 나타내는 결과보어입니다. 결과 보어의 부정은 반드시 没有라고 해야 합니다.
→ 你们安排好工作没有？

(2) 해석: 나는 그 소설을 다 읽었다.
동작이 완전히 끝났음을 표시할 때는 동사 뒤에 결과보어 完을 붙여 나타냅니다.
→ 我看完了那本小说。

(3) 해석: 이 이야기를 나는 못 알아듣겠다.
결과보어의 부정은 没로 합니다.
→ 这个故事我没听懂。

문제 02

(1) 정답: ⓒ
해석: 아침 8시부터 저녁 7시까지 일한다.
工作와 같은 동작이 언제부터 혹은 어디까

지 진행되는가를 나타낼 때 동사 뒤에 결과보어 到를 사용합니다.
→ 从早上八点工作到晚上七点。

(2) 정답: ⓓ
해석: 이 문장을 넌 알아볼 수 있겠니?
결과보어 부정 형태의 하나입니다. '동사+결과보어+了+没(有)？'
→ 这篇作文你看懂了没有？

문제 03

(1) 정답: 上
해석: 창문 좀 닫아 주세요.
'창문을 닫다'는 벌려져 있던 것이 부착됨을 의미하므로 결과보어 上을 써주어야 합니다.
→ 请你们关上窗户。

(2) 정답: 住
해석: 배웠던 단어를 학생들은 마땅히 기억하고 있어야 한다.
동작이 머무르거나 고착화됨을 나타낼 때는 결과보어 住를 사용합니다.
→ 学过的生词学生们都应该记住。

(3) 정답: 开
해석: 숙제가 끝나고 그는 라디오를 틀어 잠시 음악을 들었다.
보어로 쓰인 开는 목적물을 원래의 장소에서 분리시키거나 떼어 놓음을 나타냅니다. 라디오가 꺼져 있던 상태에서 켜진 상태로 상황이 분리되었으므로 开를 사용합니다.
→ 做完作业，他就打开收音机，听了一会儿音乐。

 2장 가능보어 / 정도보어를 이용하는 문장

문제 01

(1) 해석: 그녀는 오늘 아침 일찍 일어났다.
정도보어는 동사 바로 뒤에 위치해야 합니다. 위의 문제처럼 목적어가 있을 경우에는 일반적으로 목적어 뒤에 동사를 한 번 더 사용해서 정도보어를 이끌어 줍니다.
→ 她今天早上起床起得很早。

(2) 해석: 그녀는 어릴 적 집안이 매우 가난해서 고등학교에 갈 수 없었다.
경제적인 능력이 부족하여 '~를 할 수 없다'라는 뜻을 지닌 가능보어의 부정형태는 '~不起'를 써야 합니다.
→ 她小的时候家里很穷，上不起高中。

(3) 해석: 아래 세 가지 경우 참조
이 문장은 결과, 정도, 가능보어 모두의 부정형으로 바꾸어 쓸 수 있는 문장입니다.

*가능보어일 경우
→ 金先生讲不清楚。
김 선생님은 분명하게 말할 수 없었다.

*정도보어일 경우
→ 金先生讲得不清楚。
김 선생님의 말은 분명하지 않았다.

*결과보어일 경우
→ 金先生没讲清楚。
김 선생님은 분명히 말하지 않았다.

이상의 세 가지가 모두 가능합니다.

(4) 해석: 그는 늦게 왔니 늦지 않게 왔니?
정도보어가 있는 정반의문문의 경우 보어 부분을 반복해 줍니다.
→ 他来得晚不晚？

문제 02

(1) 정답: ⓓ
해석: 네가 그 사람을 불렀지만 그 사람은 듣지 못했어.

가능보어의 형식은 '동사+得/不+보어'입니다.
→ 你叫他，他听不见了。

(2) 정답: ⓒ
해석: 내 손에 어떤 물건을 가지고 있는지 너 맞출 수 있어?
'동사+得/不+보어'에서 어떤 목적의 달성(주로 무엇을 찾다/얻어내다)을 나타내는 着(zháo)가 필요합니다.
→ 我手里拿的是什么东西，你猜得着吗？

문제 03

(1) 정답: 很
해석: 그는 매우 조심스럽게 운전한다.
정도보어로 쓰인 형용사는 일반적으로 앞에 很을 써줍니다.
→ 她开车开得很小心。

(2) 정답: 下
해석: 이 교실은 비교적 커서 50명은 앉을 수 있어.
가능보어에서 공간의 수용능력을 나타낼 때는 보어로 下를 사용합니다.
→ 这个教室比较大，坐得下五十个人。

3장 방향보어를 이용하는 문장

문제 01

(1) 해석: 3반의 학생은 다시 노래를 부르기 시작했다.
唱歌는 '목적어+동사'로 이루어진 형식으로, 방향보어 사용 시 동사인 唱 뒤에 起를 써주어야 합니다. 아울러 歌와 같이 이동할 수 없는 목적어나 장소 관련 목적어는 반드시 来나 去 앞에 와야 합니다.
→ 3班同学又唱起歌来了。

(2) 해석: 그녀는 영국으로 돌아왔다.
방향 보어에 있어 영국과 같이 장소를 나타내는 목적어는 동사와 来, 去 사이에 위치해야 합니다.
→ 她回到英国来了。

문제 02

(1) 정답: ⓒ
해석: 그 두 사람은 도서관으로 들어갔나요?
장소를 나타내는 방향보어는 来나 去 앞에 옵니다.
→ 他们俩进图书馆去了吗？

(2) 정답: ⓑ
해석: 눈이 오기 시작한다.
起来는 동사 뒤에 쓰여 어떤 일이 시작됨을 의미하는 방향보어로 쓰입니다. 문제에서는 동사가 下이므로 그 다음 위치에 써주며, 목적어 雪는 起来 중간에 써주면 됩니다.
→ 下起雪来了。

문제 03

(1) 정답: 起
해석: 나는 그 일이 생각났다.
어떤 일이 일어남 또는 시작됨을 표시할 때는 동사 뒤에 起를 사용합니다.
→ 我想起了那件事。

(2) 정답: 回
해석: 이 연필을 원래 있던 자리에 갖다 놓으세요.
본래 장소로 돌아옴을 표시하는 回가 필요합니다.
→ 把这支铅笔放回原处。

(3) 정답: 下来

해석: 저의 이름을 적어주세요.

방향보어 下来는 기억이나 필기 등을 통해 기록을 남긴다는 어감을 갖고 있습니다.

→ 请把我的名字记下来。

(4) 정답: 开

해석: 나는 너를 떠날 수 없다.

방향보어 开는 분리됨 또는 전개되어 나감을 나타냅니다.

→ 我不能离开你。

4장 수량보어를 이용하는 문장

문제 01

(1) 해석: 이 노래를 나는 세 번이나 불렀다.

了, 过 등이 있으면 수량보어는 그 뒤에 와야 합니다.

→ 这首歌儿我唱了三次。

(2) 해석: 나는 농구를 한 번 해보았다.

목적어가 일반 목적어일 경우 수량사의 위치는 목적어 앞, 뒤 모두 가능합니다. 따라서 이 문장은 맞는 문장입니다.

→ 我打过一次篮球。

(3) 해석: 나는 그를 꽤 여러 번 보았다.

목적어가 대사일 경우 수량사는 반드시 그 뒤에 위치해야 합니다.

→ 我见过他好几次。

문제 02

(1) 정답: ⓒ

해석: 나는 너를 2시간이나 기다렸다.

목적어가 있을 경우 '동사+목적어' 뒤에 다시 한 번 동사를 써주고, 이 두번째 동사 뒤, 수량보어 앞에 了를 써줍니다.

→ 我等你等了两个小时。

(2) 정답: ⓒ

해석: 왕 군은 한국어를 조금 할 줄 압니다.

일반적인 목적어가 올 경우 수량보어는 동사 바로 뒤에 와야 합니다.

→ 小王会说一点儿韩语。

5장 비교를 나타내는 문장

문제 01

(1) 해석: 올해는 작년보다 덥지 않다.

比를 사용한 비교문은 比 바로 앞을 부정해 줍니다.

→ 今年不比去年热。

(2) 해석: 그의 키는 나보다 크다.

비교문에서는 非常, 很 등의 정도부사를 사용할 수 없습니다.

→ 他的个子比我高。

(3) 해석: 시안은 쿤밍처럼 그렇게 따뜻하지 않다.

有/没有를 이용한 비교문에서는 还, 更과 같은 부사를 사용할 수 없습니다.

→ 西安没有昆明那么暖和。

문제 02

(1) 정답: ⓓ

해석: 이 책이 저 책보다 더 두껍다.

还는 형용사 바로 앞에 쓰여서 형용사를 수식합니다.

→ 这本书比那本还厚。

(2) 정답: ⓓ

해석: 이 군의 영어는 우리 누나만큼 그렇게 유창한가요?

'有(没有)+那么(这么)+형용사'의 공식을 기억하세요. 那么(这么) 등도 비교하는 형용사 앞에 사용해야 합니다.
→ 小李说英语有我姐姐说得那么流利吗?

문제 03

(1) 정답: 那么
해석: 한국어는 영어만큼 그렇게 어렵지 않아요.
비교하는 대상이 비교적 멀기 때문에 那么를 씁니다.
→ 韩语没有英语那么难。

(2) 정답: 比
해석: 날마다 점점 더 멋있어지는군.
'명사+比+명사'는 '점점 더 ~해지다'라는 뜻의 관용어입니다.
→ 一天比一天帅!

(3) 정답: 跟
해석: 나의 MP3의 크기는 너의 것과 똑같다.
跟……一样은 '~와 같다.'라는 의미를 지니며 고정 형식으로 쓰입니다.
→ 我的MP3的大小跟你的一样。

 6장 연동문과 겸어문

문제 01

(1) 해석: 어제 나는 슈퍼마켓에 가서 건전지 2개를 샀다.
연동문에서 了는 마지막 동사에만 붙일 수 있습니다.
→ 昨天我去超级市场买了两个电池。

(2) 해석: 나는 물건을 사러 간다.
연동문에서 첫번째 동사는 중복할 수 없습니다.
→ 我上街买东西。

(3) 해석: 너 영화 보러 갈래 안 갈래?
'긍정+부정의문문'은 앞의 동사를 반복해야 합니다.
→ 你去不去看电影?

문제 02

(1) 정답: ⓑ
해석: 그의 말은 나를 화나게 했다.
주어의 목적어, 뒤에 있는 서술어의 주어가 되는 말의 앞에 옵니다.
→ 他的话使我十分生气。

(2) 정답: ⓑ
해석: 공장장은 직원들에게 각자의 생각을 말하도록 하였다.
겸어문에서 시태조사는 일반적으로 두 번째 동사 뒤에 붙여야 합니다.
→ 厂长让工人们谈了各自的想法。

(3) 정답: ⓐ
해석: 우리는 그를 초대하지 않았다.
부정부사는 일반적으로 첫 번째 동사 앞에 옵니다.
→ 我们没请他来。

(4) 정답: ⓒ
해석: 모두 말씀을 삼가 주세요
행동의 제지를 나타낼 경우 뒤의 동사 앞에 부정부사를 써줍니다.
→ 请大家不要说话。

문제 03

(1) 정답: 坐, 去
해석: 나는 내일 비행기 타고 광주에 가.
'비행기를 타다'라는 동사와 '광주에 가다'라는 동사를 차례로 써주어야 합니다.
→ 我明天坐飞机去广州。

(2) **정답:** 当

해석: 학우들이 나를 반장으로 선출했어.

자주 쓰이는 겸어문 형식 중 '~를 ~(으)로 뽑다'에는 选……当이 있다.

→ 同学们一致选我当班代表。

 把자문 / 被자문

문제 01

(1) **해석:** 나는 그런 종류의 잡지 보는 것을 좋아한다.

喜欢과 같은 심리나 감각을 나타내는 동사는 把자문을 이용할 수 없다.

→ 我喜欢看那种杂志。

(2) **해석:** 그는 아직까지도 그 DVD를 다 보지 못했다.

부정부사는 반드시 把 앞에 와야 합니다.

→ 他还没把那张DVD看完。

(3) **해석:** 침대 좀 빨리 정리해라!

把자문의 쓰이는 서술어는 단순한 성격을 지녀서는 안됩니다.

→ 快把床收拾收拾!
　 快把床收拾一下!

(4) **해석:** 그 소설은 어제 누군가가 빌려갔다.

피동문에서 피동의 대상은 임의의 것이 아닌 지정된 것이어야 합니다. 그래서 一本 대신 那本으로 바꿔줘야 합니다. 뒤에 오는 동사 또한 단순한 성격을 지녀서는 안 되고 반드시 부가 성분이 있어야 합니다. 따라서 借 뒤에 走 등을 붙여 완전한 문장을 이룰 수 있습니다.

→ 那本小说昨天让人借走了。

문제 02

(1) **정답:** ⓑ

해석: 그 세 권의 사전을 제게 건네주세요.

把자문의 쓰이는 목적어는 일반적으로 구체적으로 지정된 것이어야 하고, 목적어 앞에 把 를 붙여 동사 앞으로 이끌어 냅니다.

→ 请把那三本辞典递给我。

(2) **정답:** ⓑ

해석: 그 소설은 다른 사람이 빌려가지 않았다.

被자문에서 부정부사는 被 바로 앞에 사용해야 합니다.

→ 那本小说没被人借走。

(3) **정답:** ⓑ

해석: 회사가 그를 쫓아냈다.
　　　 (그는 회사에서 해고되었다.)

被자문의 기본형식은 '동작의 대상+被+동작의 주체+동사 +기타성 분'이며, '쫓아내다'라는 동작의 주체는 회사입니다.

→ 他被公司开除了。

문제 03

(1) **정답:** 被

해석: 유학생들 중에 '이형' 하고 불리는 사람은 저 학생이다.

( )称为의 ( )에는 원래 被人의 형태가 들어가야 하지만, 한 글자만 써야 하므로 人은 생략하고 被만 써줍니다.

→ 留学生中被称为"老李"的是那个学生。

(2) **정답:** 被

해석: 유학생들에 의해 '이형'이라고 불리는 사람은 저 학생이다.

동작의 대상이 유학생이므로 그 앞에는 被가 와야 합니다.

→ 被留学生们称为"老李"的是那个学生。

8장 존현문

문제 01

(1) 해석: 한 폭의 그림이 방 안에 걸려 있다.
존현문의 기본 형태는 '장소+동사+임의의 사물/사람'입니다.
→ 房间里挂着一幅画儿。

(2) 해석: 앞에서 자동차 한 대가 오고 있다.
존현문에서는 반드시 지정된 것이 아닌 '임의의 사물/사람'이 와야 합니다.
→ 前面开过来一辆汽车。

(3) 해석: 하늘에 태양이 나타났다.
존현문에서는 전치사가 필요한 듯 보이지만 절대로 사용해서는 안 됩니다.
→ 天上出现了太阳。

문제 02

(1) 정답: ⓒ
해석: 뒤에서 세 사람이 걸어온다.
존현문에서는 예외적으로 방향보어의 来/去 뒤에 사람이나 사물이 온다는 점에 유의해야 합니다.
→ 后面走过来三个人。

(2) 정답: ⓒ
해석: 어제 우리 반에서 한 학생이 전학 갔다.
존현문의 기본 형식인 '장소+동사+임의의 사물/사람'을 기억한다면 풀 수 있는 문제입니다.
→ 昨天我们班走了一个同学。

문제 03

(1) 정답: 着
해석: 문패에 외국인의 이름이 새겨져 있다.
존현문에 쓰이는 동사 뒤에 의미에 따라 着, 了, 过, 방향보어 등을 붙이는 경우가 많습니다. 여기에서는 의미상 지속의 어감을 나타내는 着가 와야 합니다.
→ 门牌上刻着外国人的名字。

(2) 정답: 来
해석: 앞에서 한 분의 노인이 걸어온다.
앞에서 한 노인이 다가오고 있는 상황이므로 접근을 나타내는 방향보어인 来를 쓰는 것이 적합합니다.
→ 前面走过来一位老人。

9장 접속사와 복문

문제 01

(1) 해석: 열심히 공부해야 비로소 영어를 잘 배울 수 있다.
只有……才는 고정형식으로 '~해야만 비로소 ~하다'라는 뜻을 지니며,
只要……就 역시 고정형식으로 '~하기만 하면 ~하다'라는 뜻을 지닌다. 따라서 주어진 문장은 다음의 형태로 바꾸어야 맞는 것이다.
→ 只有努力学习，才能学好英语。
  只要努力学习，就能学好英语。

(2) 해석: 그는 탁구나 배드민턴 치는 것을 좋아한다.
'또는'이라는 의미를 가지고 있는 것 중에서 或者는 평서문에, 还是는 의문문에 쓰입니다.
→ 他喜欢打乒乓球或者羽毛球。

(3) 해석: 기왕 그가 너를 대신해서 출발했으니, 너는 가지 마라.
既然……也는 이미 일어난 현상에 대한 수긍을 나타내며 '기왕 이렇게 된 이상, ~하도록 하자'라는 뜻을 가집니다. 이 때 앞, 뒤 문장에 오는 就는 반드시 주어의 뒤에 온다는 점을 잊지 마세요.
→ 既然他替你去，你就不用去吧。

(4) 해석: 그곳에서는 자동차가 빨리 달릴 수 없다. 왜냐하면 사람들이 매우 많기 때문이다.

'왜냐하면 ~때문이다'라는 뜻을 가지는 것은 因为, 由于 두 가지인데, 이 두 가지 중에 뒷부분에도 쓸 수 있는 것은 因为뿐입니다.

→ 那里自行车骑不快，因为人山人海。

(5) 해석: 나는 병이 나서 휴가를 신청했다.

앞, 뒤 문장 사이의 관계는 순접 관계입니다. 但是는 앞, 뒤 문장이 상반됨을 나타내는 접속사이므로 순접을 나타내는 말로 바꾸어야 합니다.

→ 我生病了，所以请假了。

문제 02

(1) 정답: ⑧

해석: 기왕 네가 왔으니, 얼른 여러 사람과 함께 상의를 해라.

既然……就에서 就의 위치는 주어의 뒤입니다. 주어진 문장의 두 번째 중 뒷 문장의 가장 앞에는 '네가'라는 주어가 생략되어 있으므로, B에 就를 써줍니다.

→ 既然你来了，就和大家一起商量吧。

(2) 정답: ⓐ

해석: 축구 경기 소식만 있으면, 그는 축구장에 가서 경기를 관람한다.

一……就는 '일단 ~하기만 하면, 곧 ~ 하다'라는 뜻으로, 여기서 一는 동사 앞에 써줍니다.

→ 一有足球比赛消息，他就去比赛场看比赛。

문제 03

(1) 정답: 而

해석: 그는 노력하는 총명한 학생이다

'노력하다'와 '총명하다'라는 말을 연결해 주는 말 중에서 한 글자로 쓰이는 것은 而이 있습니다.

→ 他是个努力而聪明的学生。

(2) 정답: 虽然

해석: 비록 대학교 졸업장은 없지만 그는 많은 재능을 가지고 있다.

앞에 제시된 상황이 있다고 하더라도, 그것에 영향을 받지 않은 의외의 상황을 나타낼 경우에는 '虽然……但是'를 써줍니다.

→ 虽然没有大学文凭，但是他很有才能。

(3) 정답: 尽管

해석: 설사 월급이 많지 않아도 나는 간호사가 되고 싶다.

'어떤 상황에 상관없이'라는 말을 나타내는 것은 不管, 尽管인데 이중 不管은 상황의 좋고 나쁨에 대해 모두 '상관없이'라는 의미를 지니고, 尽管은 보다 구체적이며 상황이 좋고 나쁨을 떠나 한 가지 상황만을 나타냅니다. 여기에서는 不多라는 구체적인 상황을 나타내었으므로 尽管을 써줍니다.

→ 尽管工资不多，我还是愿意当护士。

(4) 정답: 而且

해석: 이 물건은 가격이 저렴할 뿐만 아니라 품질도 좋다.

앞 부분에 제시한 것보다 더 첨가되거나 심화되는 상황을 나타낼 때는 不但……而且를 사용합니다.

→ 这个东西不但价格很便宜，而且质量也不错。